近代社会教育における
権田保之助研究

娯楽論を中心として

坂内夏子 著

大空社出版

はじめに

　顧みると、「権田保之助」という、名前に初めて接したのは、大学院修士課程に在籍していた時のことであった。日本における近代社会教育論の展開過程をひもとく中で、偶然に出会った。

　「社会教育とは何か」という問いに答えるのは今でもなかなか難しい。そのころ私は、日本の社会教育は、どのような人々によって、どのように進められてきたのかに関心をもって、研究を始めた。その中で、『民衆娯楽の基調』『民衆娯楽論』『娯楽教育の研究』をはじめとする権田の著書に触れて、他の教育論にありがちな堅苦しさとは異なるものを感じ、ぜひ読んでみたいと強く思った。

　権田保之助は民衆娯楽研究の第一人者と評されている。大原社会問題研究所所員、文部省・厚生省等専門委員嘱託、数々の娯楽調査等、実証的研究から導き出された民衆主体の娯楽論を展開している。

　特に『民衆娯楽論』の一節が印象的であった。娯楽に関する定説として、「明日の、より善き作業」をめざす再創造説、レクリエーション説があるが、権田は強く否定する。「娯楽は生産の奴婢に非ず、生産こそ創造の奴僕であるという状態が招来さるべきである」と彼は言い切っている。「生産のための娯楽」という生産中心の哲学に対する異議申し立てである。人間は生産のために生きるのではない。人生のための生産こそが本来あるべきものだというのが彼の主張であった。人間は生きていくためには労働をしなければならない。その一方で人間は生活を楽しむことを忘れないものであるという理解が彼の中に貫かれている。

　他に共感したのは、

　「民衆娯楽は、民衆の生活から出発するものである。民衆生活を拠り所とするものである。」

　「民衆娯楽は自然の産であり、作為の産ではない。つまり権力側が政策の対象として方向付けるものではない。」

という彼の考え方である。

また戦時体制に突き進んでいく中で、権田の著作には民衆の娯楽を守りたいという苦悩、想いがあふれていた。民衆娯楽の統制、指導に関する問題であった。そこで彼は「大衆性を離れて、何の娯楽があり得ようか」と問いかけている。

　権田は、民衆娯楽研究を通して、教育の概念を広げ深めたと考える。生産中心社会が行き詰まり、「働き方改革」が議論される中で、権田の研究は貴重な存在であり、人間らしく生きたいという想いに溢れている。博士論文執筆から随分年月が流れてしまった。本書で明らかにし得たことより残された課題が多い。権田の著作は多岐にわたる。彼の軌跡をたどりながら、「娯楽は生産の奴婢に非ず、生産こそ創造の奴僕である」という意味、人生のための生産について考えてきた。本研究では権田の言を丁寧に把握するよう努めた。

　本書は、大槻宏樹先生、朝倉征夫先生、長田三男先生、瀬沼克彰先生、薗田碩哉先生をはじめ多くの方々の御指導と御配慮の賜物です。心より御礼申し上げます。また大空社出版の鈴木信男氏、西田和子氏、山田健一氏に大変お世話になりましたこと、深く感謝申し上げます。

2019 年 8 月

著　者

目 次

はじめに　*i*

凡例　*vi*

序 論　1
I　本研究の目的　*1*
II　先行研究　*2*
　　1. 権田の人物史研究　*2*
　　2. 文部省社会教育行政との関わり　*3*
　　3. 権田の娯楽論の展開　*4*
III　本書の構成　*4*

第1章　美術工芸論と民衆娯楽の着想　*7*
第1節　美術工芸論　*10*
　　1. 美術評論活動　*10*
　　2. 美術工芸運動への注目　*16*
　　3. 美術工芸論の構築　*19*

第2節　民衆娯楽問題認識　*21*
　　1. 活動写真への注目　*21*
　　2. 民衆娯楽の着想と形成　*24*

第3節　社会改造の視点　*31*
　　1. 資本主義社会体制への問い―社会教育への関心―　*31*
　　2. 社会像の模索　*34*
　　3. 社会教育への注目　*38*

第2章　学問の形成と視点　*49*
第1節　民衆文化論争における位置　*50*
　　1. 論争の周辺　*50*
　　2. 権田の主張　*52*

第2節　批判の姿勢　*55*
　　1. 社会主義観　*55*
　　2. モリス理解　*56*

3. 民衆観　　58

　　4. 学校教育制度批判　　59

第3節　概念主義への批判　　60

　　1. 文化主義への批判　　60

　　2. 知識階級への批判　　63

第4節　学校万能主義への批判　　65

　　1. 知識偏重教育の批判　　65

　　2. 社会教育と学校教育　　66

　　3. 都会と地方の民衆娯楽　　69

第5節　社会的事実追究の姿勢　　71

　　1. 民衆娯楽の諸相　　71

　　2. 権田の世相観　　74

第6節　民衆教育構想　　77

　　1. 民衆教育論　　77

　　2. 社会的側面　　80

　　3. 大衆娯楽と民衆教育　　81

第3章　娯楽論の展開　　87

第1節　民衆娯楽論　　89

　　1.「娯楽なき人生」の体験　　89

　　2. 娯楽三定説の批判的検討　　94

　　3.「生活創造としての娯楽」の提唱　　97

　　4. 生活像の模索　　99

第2節　国民娯楽論　　101

　　1. 民衆娯楽から国民娯楽への過渡　　101

　　2. 国民娯楽観　　105

　　3. 余暇観・労働観　　109

　　4. 大衆性と指導性の関係　　113

　　5. 民衆娯楽の解体　　118

第4章　娯楽問題の追究と「娯楽公営化」構想　　125

第1節　農村娯楽問題への注目　　127

　　1. 地方への関心　　127

　　2. 農村娯楽への問題認識　　129

　　3. 地方文化の追究　　133

第2節　労働者娯楽問題への注目　*134*
  1. 労働者への関心　*134*
  2. 労働者娯楽に対する問題認識　*135*
  3. 労働者のための家庭娯楽論　*140*

第3節　学生娯楽問題への注目　*142*
  1. 学生娯楽問題調査への関わり　*142*
  2. 青年と民衆娯楽　*145*
  3. 青年学生娯楽の意義　*148*

第4節　民衆生活における娯楽の成立　*150*
  1. 民衆娯楽対策　*150*
  2. 事実としての民衆娯楽　*152*

第5節　娯楽至上主義の視点　*154*
  1. 娯楽に関する問題意識　*154*
  2. 娯楽の普及　*156*

第6節　民衆娯楽問題と社会教育　*159*

第7節　「娯楽公営化」構想　*161*
  1. 社会対策と映画　*161*
  2. 教育映画　*164*

結　論　*169*
Ⅰ　社会教育史における権田の娯楽論　*169*
Ⅱ　まとめ　*172*

権田保之助　略年譜　*179*
権田保之助　著作　*184*
参考文献　*197*

索引　*203*

凡　例

1. 権田の著作からの引用は、雑誌等に初出の稿をもとにし、その論題・典拠ページを示した。ただし、後に単行書に収録された稿については、単行書のページを示した。文献・論題の表記については巻末「権田保之助　著作」凡例を参照のこと。
2. 権田以外の著者の著述については、原則として著者（年）を記し、出典の詳細は巻末「参考文献」によった。
3. 引用の表記（論題を含む）は、仮名遣いは原文のままとし、漢字は新字体を使用した。
4. 引用文中の〔　〕は筆者による補足である。

序 論

I. 本研究の目的

　本研究は、権田保之助（1887-1951）における娯楽論の展開過程をたどりながら、社会教育史における位置づけを試みるものである。

　権田は、1910年代後半より新興無産階級の生活を主題にした「月島調査」、「浅草調査」など先駆的な社会調査に携わった。また文部省の社会教育行政に草創期より関与していた。そこから彼は、娯楽による近代都市労働者層の「生活創造」という民衆主体的な娯楽論を展開させている。この時期に民衆娯楽論者としての権田の理解が定着したのである。彼固有の民衆娯楽論は、当時一般的であった労働力の再創造説に対し、資本主義を擁護するものとして、厳しく批判をしている。

　しかし権田は、1920年代のドイツを中心とした欧州留学の経験から、娯楽論に止まらず社会政策的動向に注目していくことになった。また日本の社会構造の変化、産業構造の改変などから、権田の娯楽論は、階層的あるいは地域的特性から離れ、大衆文化論への主張に変容している。

　さらに1930年代後半より、権田は内閣、厚生省、商工省などのそれぞれの委員・嘱託を歴任し、厚生運動にも関係している。この間の権田に対する評価は、民衆娯楽より国民娯楽への転換であった。

　一方、近代日本社会教育の成立に関する主題の一つは、教育と形成に対する解釈の立場にあった。学校制度に対するものとして社会教育を把握するのか。学校教育は人間形成すべてをおいきれるのか。民衆の生活や学びに対する要求をどのようにとらえるのか。この点に関して、人間の社会生活において、おのずからなる根本的機能として営まれてきた形成の意味を社会教育成立の一側面とみるのが、本研究の立場である。

　権田の娯楽論は、この形成に位置づけられる。つまり近代社会教育の成

立にとって、権田による生活事実に立脚した娯楽に関する研究の意義は非常に大きいものであると考えられるが、この面からの考察は先行研究においてほとんどみられなかった。

本研究は、権田の娯楽論とその社会教育観をめぐって、近代社会教育の成立根拠を関わらせながら明らかにすることで、権田に新たな側面をみいだそうとするものである。

II. 先行研究

権田保之助に関する先行研究として、まず日本人と娯楽研究会による『権田保之助研究』（1–4 号・遊戯社・1982–1986。以下、『研究』と略す）があげられる。権田の仕事を多角的に検討し、激動の時代に生きた一知識人としてのその全体像と現代的意義を追究している（『研究』全号内容は本書巻末資料「参考文献」を参照）。

権田をめぐり、彼が娯楽を民衆生活そのものの問題と捉えた視点や、民衆娯楽問題を教育問題として考える点について、「民衆史研究の先駆的業績」であり、その娯楽論は卓抜なものであると評価されてきた。その一方で大正期から昭和戦前にかけて権田娯楽論に対し、「民衆娯楽から国民娯楽への転換」というゆれ幅の大きさが指摘されている。近代日本における知識人論、その役割、思想的変遷、転向論という視点、権田の人間研究という側面が課題になっている。

したがって、先行研究は、①権田の人物史研究、②文部省の社会教育行政との関わり、③権田の民衆娯楽論の展開の三点に大別できる。

1. 権田の人物史研究

権田の子息・権田速雄は、権田の早稲田中学、東京外国語学校、東京帝国大学美学専攻を経て、進んだ学問の道、携わった娯楽調査（帝国教育会）、月島調査（内務省）、東大の講義、大原社会問題研究所、倉敷工場娯楽調査と浅草娯楽調査、外遊について、「父・権田保之助―小伝風に―」として『研究』に連載した。

その一として、権田が「社会主義思想→マルクス→独逸語→哲学（美学）→民衆娯楽」というコースをたどった点を示した（創刊号・1982年・44-45頁）。

その二として、最初の著『活動写真の原理及応用』が後に娯楽問題を生涯テーマとする端緒になった点を指摘した（第2号・1983年・38-39頁）。

その三として、権田の娯楽調査の取り組みが示された。すなわち帝国教育会の委嘱調査では通俗教育機関、その改善という視点から取り上げたが、実際は庶民の憩いの場である寄席を楽しむ人々の実態を精力的に権田は調べたのである。また月島調査を通して労働者生活の現実を世に広く知らしめ、施策の必要を指摘し、労働者のあり方を問うた点が記された（第3号・1984年・46, 58-59頁）。

その四として、東大助手を辞して大原社会問題研究所に入所した経緯、携わった娯楽諸調査、転機となった外遊について跡づけた。父・権田が、社会の実態、民衆のこころ、人間探究を大切にしたその方法論を贔屓したいと述べる（第4号・1986年・42頁）。

2. 文部省社会教育行政との関わり

権田は、大正期から昭和戦前期に二度にわたって文部省社会教育行政と関わりをもった。

寺出浩司（1983b）は、草創期の社会教育行政に参画した権田を中心とした社会教育調査委員が行政を主導したこと、彼の民衆娯楽論の展開に関わったことを指摘した（「権田保之助と文部省」『研究』第2号・2-3頁）。

また権田のもとで文部省嘱託として「教育映画研究資料」や「民衆娯楽調査資料」の編成・執筆にあたった水谷大瓚が昭和初期の社会教育行政の展開をたどりながら諸調査の性格や内容を跡づけた。水谷（1983）は、文部省が教育映画行政に積極的な方針を打ち出した経緯について、文部省社会教育行政官・乗杉嘉寿と権田達に相克があり辞任したこと、その後文部省側から求められて彼等は強い決意のもとに復帰したことを指摘した（「今もわが心に生きる権田保之助―教育映画行政の幕開け―」『研究』第2号・24-35頁）。1927年に始まった所謂権田調査室は、映画法制定（1939）、全国映画連盟の組織（「財団法人大日本映画教育協会」設立（1943））の実現により、その役割

は終わったと振り返る（水谷「今もわが心に生きる権田保之助（二）─教育映画・民衆娯楽行政の基礎を培った諸調査─」『研究』第3号・1984年・34頁）。

3. 権田の娯楽論の展開

　寺出浩司（1983a）は、権田の娯楽論に「二重の『挫折』」をみいだした。まず権田が「民衆娯楽の公共的施設の必要性」を指摘したのは「文化創造の主体としての自立した民衆生活」への期待から、「公共的に防衛されるべき貧窮化した民衆生活」へ生活認識を転換したとみて、「第一の挫折」と述べた。また権田と文部省社会教育行政との関係について、昭和初年代にはすでに、文部官僚の主導の下で、教育映画問題に行政の焦点がしぼりこまれており「権田の民衆娯楽政策との間には接点はほとんど存在していない」として「第二の挫折」と捉え、民衆娯楽論そのものの「挫折」だとみたのである（「民衆生活の『自立』視点から『防衛』視点への転換─権田保之助の民衆娯楽論をめぐって─」『研究』第2号・18-19頁）。

III. 本書の構成

　先行研究において、権田の娯楽論は時代的に追っていくと、民衆娯楽から大衆娯楽、国民娯楽への「転向」と位置づけられてきたといえる。本研究は単に評価するのではなく、それぞれの立場について、美術工芸論、学問観、文化観との関連から検討するものである。また彼の娯楽論のあり方を、その社会教育観と併せて解釈する。

　第1章では、権田の民衆娯楽論の基点になっている美術工芸論について検討する。

　東京帝国大学に入学した権田は美学を専攻した。大学時代の美術評論活動やその成果をまとめたのが『美術工芸論』（1921）である。それと並行して『活動写真の原理及応用』（1914）が著された。ともに『民衆娯楽問題』（1921）や『民衆娯楽の基調』（1922）という彼固有の民衆娯楽論の原点になっている。したがってまず権田の美術評論の基本的立場、その芸術観を検討し、民衆娯楽論の成立につながっている点を跡づける。

第2章では、権田の民衆娯楽論のもう一つの基点である彼の学問観について検証する。

　権田は、「民衆の為めの文化か、民衆の文化か」をめぐり土田杏村、大山郁夫等との間で展開された民衆文化論争において後者の立場であった。彼は知識階級としての自身の課題をいかに認識したのか。また権田は学問構造をめぐる問題にも目を向けているが、その背景に学校万能主義・階級教育主義をみてとり、彼独自の民衆教育論を展開させた点に注目する。

　第3章では、権田の娯楽論における展開として民衆娯楽論から国民娯楽論への転換について検証する。

　まず権田の民衆娯楽論についてである。

　権田は、民衆娯楽を、民衆が民衆の手によって民衆の間から生み出したものであり、新興無産階級の生活意識と相響き、それに徹した娯楽であること、つまり民衆の実生活と離すべきではない社会事実と定義した。ゆえに彼は「明日の労働力のために」娯楽が必要であるという一般的な娯楽観を批判したのである。彼の民衆娯楽論の鍵概念は何か。娯楽に関する通説にどのような反論を行ったのか。加えて権田の民衆娯楽論を何が深化させたのか。彼が自説として提示した「生活創造としての娯楽」について検討する。

　次に権田の国民娯楽論についてである。

　第一に、国民娯楽についてみると、関東大震災は民衆娯楽にとって一つの画期であった。権田は復興過程にかつての民衆的エネルギーの喪失の典型を浅草にみいだし、民衆娯楽の変質と捉えた。その背景にあったものは何か。民衆娯楽は労働者の生活様式において自立的に成立していたはずであったが、これが揺らいでいく。この揺れを権田はいかにみたのかについて跡づける。

　第二に、権田には民衆娯楽論の展開と同時に文部省社会教育行政へ携わった。その過程をたどりながら、民衆娯楽から国家政策におかれた国民娯楽への転換を論証する。

　第4章では、まず権田の民衆娯楽論における調査の内容と方法に注目しながら、民衆娯楽問題と社会教育の接点に関して考察する。権田の民衆娯

楽調査の特徴として、①新興民衆娯楽の統計論、②民衆娯楽の地域研究、③娯楽供給者論があげられる。統計データに加え、その方法として彼が大事にしたのは、社会の実態、民衆の感情の動き、一人一人に着目するという、いわば人間探究であった。さらに権田は農村娯楽調査、労働者娯楽調査、学生娯楽調査を通して、娯楽の動向の把握に努めている。

　次に民衆娯楽から国民娯楽への転換と関わり、権田の「娯楽公営化」構想について論証する。

　権田には民衆娯楽館と児童映画館の建設構想があった。前者は実現不可能な構想であったが、後者は具体化されている。また権田は、大原社会問題研究所在外研究員として欧州留学中、ドイツ民衆娯楽政策の展開に触れる機会があった。彼はドイツの民衆娯楽政策を含む社会政策をいかに評価したのか。さらに国内において権田は関東大震災時と同様に、日中戦争に関して、娯楽の不健全さがもたらされることに警鐘を鳴らし、資本による利潤追求のための娯楽にも批判を加えている。彼は娯楽における指導と統制の理念を提示したが、これが国民娯楽への展開ではないかという点である。

　最後に権田の娯楽論を社会教育史に位置づけることを試みる。

第1章

美術工芸論と民衆娯楽の着想

　権田の娯楽論に対して評価が示されたのは、戦後余暇問題をめぐる議論が脚光を浴びはじめた時期（1960年代以降）とほぼ一致する。それは彼の娯楽論が余暇生活問題に示唆的であることを意味する。社会教育においても、生産中心社会のひずみに対して労働と余暇の関係の問い直しがテーマになった。大正期から昭和戦前期にかけて新興無産階級の生活と娯楽の成立を主題とした権田の娯楽論の展開と彼の社会教育観が注目されたのである。先行研究では大正期の権田の主張を中心とした民衆娯楽論について、その教育性が指摘されてきた。本書では、彼の社会教育観がその娯楽論の展開にどのような意味を持っていたのか深めていきたい。

　権田は、大学時代の美術評論活動を通して、民衆の生活が資本主義経済社会に規定されている点を疑問視し、人間が「働いて而して後に享楽するといふ不徹底なる二重生活」から脱し「働くといふこと」が「楽しむといふこと其れ自身」となるべきだという「労働享楽主義」を掲げた欧米の美術工芸運動に関心を寄せた。労働と享楽の二元的関係の克服に向けた、社会改造の必要である。ゆえに彼は「広き実社会」を背景とする「活ける教育」としての民衆教育を提唱し、教育概念を捉え直そうとした。これが彼の社会教育観を成す。

　権田は文部省社会教育調査委員として、①映画推薦の制度化、②活動写真説明者講習会開催、③全国民衆娯楽状況調査実施などに携わった経歴を持つ。

　①では、「民衆娯楽を純化し国民の趣味を向上し其の慰安を全からしむる」ことが「社会教育上最も重要なる事項」の一つであると述べる。

　②では、娯楽業者に対し、「社会の教育化」であるという「民衆教育」

の担い手である自覚を促し、彼らを尊重した。

③では、「民衆の生活それ自身」が民衆娯楽を形成する為、公的社会教育の基本姿勢として「民衆生活の一表現」である民衆娯楽に関わる事実を把握すべく、「作為の産である『政策としての民衆娯楽』」は「自然の産である『事実としての民衆娯楽』に即し夫れを基にして樹てられねばならぬ」ことを主張した。社会教育の本領は社会一般公衆に存在する事実にあり、それを拡充させることで社会教育が完成すると彼は解した。

権田の社会教育観について先行研究では、その主軸である知識階級批判、概念主義批判（当時のアカデミズムに対する批判的姿勢）から、彼独自の民衆娯楽論、民衆教育論が展開されたとみてきた。

鹿野政直（1975）は、「知識階級に根底から自己点検をせまろうとする方向性」を権田が持っていたと解し、彼の民衆娯楽論や教育観を捉えた[1]。

小川利夫（1977）も、権田の主張を「民衆娯楽論的民衆教育論」として「行政的社会教育論」に対する批判の系譜に位置づけた[2]。

権田の民衆教育論について限界を指摘する向きもある。

山本恒夫（1972）は、「権田の民衆娯楽による民衆教育論は、大正デモクラシーの風潮に影響されて民衆の手になる新たな民衆教育といいながら、その実、伝統的な寄席演芸や商業ベースの活動写真等を民衆教育の中心にすえようとした」と捉えたゆえに「民衆娯楽・民衆教育と言葉をかえてみても、寄席や活動写真・劇場が変るものではなかった」と述べた[3]。

権田が追究した娯楽は商業娯楽を主軸としたが、民衆の生活が資本主義経済社会に規定される以上、彼は「事実としての民衆娯楽」だと考えた点に重きをおきたい。

権田の娯楽論の形成期に注目した先行研究の指摘をみておこう。

渡辺暁雄（1992）は、民衆生活が権田の民衆娯楽論の基底をなす概念であるとして、その思想形成期に相当する「雑誌『日本美術』誌での評論活動（木彫・日本画）」を「権田が活動写真研究に向かう上でも、また実証的な方向性を持つ上でも、結果的に必要不可欠なものとなっている」と指摘した[4]。権田の「日本美術」論が彼にとって「生活」の発見につながったとみる。

アーロン・ジェロー（2000）は、「権田の最初の著作は一九一四年一〇年に内田老鶴圃から発行された『活動写真の原理及応用』であったという事実」が忘れられてはいないかと問う [5]。

　笹山央（1983）は、権田『美術工芸論』（1921）を「権田の中では、美術工芸を捉える視点と民衆娯楽を捉える視点との間には共通するもの、あるいは一貫するものがあって、この"一貫した視点"は、権田が美術工芸に、そして民衆娯楽に托そうとした思想・夢と言える」と評した。「美術工芸論→民衆娯楽論」の流れに注目し、「民衆娯楽論者権田保之助は如何に形成されたか、換言すれば、権田保之助にとって民衆娯楽とはどういう問題として現われてきたか」と問うた [6]。「権田は『美術工芸論』の中で自らの思想的立場を確立しはしたが、将来大きくまとめられていくはずだった美術工芸論は挫折を余儀なくされた」と笹山はみた。「権田の美術工芸論に対応し得るような"民衆像"が、現実の場面で発見できなかった」という「挫折」が「権田の関心を一層民衆娯楽に傾注せしめた」結果、生み出された民衆娯楽論において「権田は"民衆"に近く在り得ただろうし、その現実的な息づかいを感得することができたにちがいない」こと、しかしそれは「少なくとも昭和の初年代頃まで」であろうと笹山は指摘した（53頁）。

　本章では、権田が美術評論活動や欧米の美術工芸運動への注目から主張した、"民衆における「芸術の生活化」の実現"、および彼の社会改造の視点に焦点をあてる。彼の娯楽論は、民衆の生活問題（生き方を問うこと）を主題とする社会教育構想であったと考え、1910年代をその形成期として、大学時代の美術評論活動やその成果をまとめた『美術工芸論』（1921）、その過程に位置づく『活動写真の原理及応用』（1914）が、権田の民衆娯楽論である『民衆娯楽問題』（1921）や『民衆娯楽の基調』（1922）を生み出す素地であったことや、彼の社会改造への視点が社会教育の方向を提起したことについて論じる。

第1節　美術工芸論

1. 美術評論活動

　大学で哲学（美学）を専攻した権田は、恩師大塚保治からカール・ビュヒャー（Bücher, Karl）とハインリッヒ・ウェンティヒ（Waentig, Heinrich）を紹介され、彼の卒業論文である「価値の芸術的研究」（1908）を完成する際に示唆的であったと述べた。権田の『美術工芸論』（1921）を生み出す契機となっている [7]。

　大学在学中にはじまる権田の美術評論活動は、雑誌『日本美術』および『帝国文学』に投稿することで展開された。日本美術院展覧会や文部省美術展覧会に出品された伝統的日本画や彫刻作品と創作家、批評家の視点について、権田は批判の俎上に乗せた。当時の「純正芸術至上主義」を疑問視し、その「応用美術化」の必要性を彼は説いたのである。

権田の「芸術」観

　権田は「日本木材彫刻の技巧」（1910）で、芸術をめぐり「其の時代精神なるものと離るゝことを得ぬもので、時代精神に根を有してゐない芸術、時代精神と交渉の無い芸術は三文の価値もない児戯に等しい」（13頁）と述べる。「日本美術に現はれたる装飾的気分」（1912）にあるように、芸術を「智識の対象、推理理論の対象」としてではなく、「情調の対象」と認識したからである（72頁）。

　［1］時代精神

　時代精神について、「無解決的である、具体的である、実感的である、解放的である、懐疑的である、没権威的である、男性的である、個性的である、盲動的である、無余裕的である、刹那的である、真剣的である」（同前）として、その時代に生きた人間の感情に関わるものと権田は解した。

　［2］創作家

　権田は、創作家が「自然界、人事界の一側面、一時機を選んでこれを或る材料を籍り芸術的に表はさんとする心的状態」を技巧に対する「主観的

心理的の解釈」（「日本木材彫刻の技巧」1910・14頁）と捉え、芸術創作を人格問題につながるものとみた。危惧すべきは「創作家が刀法の末、古き形式の端に捉へられて、人格の開発、人格の涵養を等閑に附して此の生きつゝある、動きつゝある、眼面の現代精神に不融通なること」である（15頁）。ゆえに、文部省美術展覧会に出品された作品（彫刻）に対して、「日本に真の彫刻ありや」（「第五回文部省展覧会の彫刻を見て」1911・26頁）、彫刻界の「長足の進歩」は「先輩の賜」や「作家の自覚」、「所謂批評家の讃辞と激励」によるのか（27頁）彼は問うた。

[3] 民衆と芸術の関係

民衆と芸術の関係について、観衆の「彫刻は、画は分らない」という声に注目した権田は、彼等が「何を解らうと欲するのか、解らうとする其の物」が不明であると述べる。彼が芸術を「解るものに非ず、知るものに非ず、感ずるものなり」と把握したからである（32頁）。繰り返すが、「日本美術に現はれたる装飾的気分」（1912）の、芸術は「知識の対象、推理理論の対象」ではなく「情調の対象」である（72頁）、という視点が、創作家、審査員、批評家、観衆に欠落していると権田は述べた。

こうした批判が権田の「芸術」観を形成した。芸術は、日常生活に相触れる万人の享楽の対象になるというのが彼の理解である。

本来の人間の生活

権田は同論で、純正美術を「主観の世界、自己の生活せる世界と、その芸術品の語る世界と相分れて並存的な状態」、応用美術を「自己生活の世界と、その芸術品の世界とは所謂相即不離なるもの」であり「自己の生活せる世界は芸術の世界と内在的の関係に立つ」ものと解した。よって「芸術の世界を自己生活の世界の中に融合して、これを楽しまんとする状態に移り行ける」現象が「応用美術化」、換言すると「芸術の生活化」だとした（同前）。この「芸術の生活化」の具体化に向けて、「生きざるべからざる為めには労働し生産」すると同時に、「生くる甲斐あらんが為めには享楽し遊戯する」（73頁）人間の生活は、本来、労働と遊戯からなる。しかし労働や生産に重点が置かれて遊戯が等閑視された現実を権田は問題視した。

「応用美術化」の提唱

労働と遊戯の断絶を問うた権田は、「遊戯」の再考を促した。「応用美術化」の提唱である。次にたどっていこう。

[1]「新らしい日本画」

権田は東台画会第二回展覧会（1913）に「新らしい日本画」をみいだし、そこに至る過程を四段階に区分した（「新らしい日本画（東台画会第二回展覧会を見て）」1913a）。

第一段階として、「西洋画の技巧の或る一部分と日本画に応用して、日本画に或る新らしい方面を開拓する」動きから「日本画の正当な新生面であるとは決して思はない」にせよ、「此の様な技巧を模索するに至つたその芸術家の新らしい気分に忠実であるといふ態度」には「古い伝習的の技巧に屈従しやうとはせずして新らしい気分を肯定する」という芸術家の生命と将来を、彼はみいだした（1-3頁）。

第二段階として、「模様より絵画へ」の運動から「己に新らしい人々の気分を満足させてゐる模様から出発し、それを土台として、これに実生活の呼気を吹き込み、其処に現実味のある絵画を作り出さんとするもの」を彼は指摘した（5頁）。

第三段階として、「絵画より模様へ」の運動から、「実生活に於て芸術家の感興を惹いた景趣」を捉えて、それを「新らしい人の興味を惹く模様に統合し」「その様にして出来た静的な平面的な模様の多くに、動的な立体的な豊富なる実生活の感興を伝へやうとするもの」を彼はみいだした（8頁）。

第四段階として、「絵画より模様を経て絵画へ」の運動から「模様を範疇の世界から解放して実生活と直接交渉ある絵画の間から芸術家の選び取るに任せてある」（10頁）動きを彼はみいだした。この段階に止まらず、「如何にこれを満足させ、如何にこの新運動の誠心を具体化せしむるか」は「芸術家の努力」にかかるとして、権田は「今や生まれつゝある日本画」に期待したのである（11頁）。

[2] 文部省の展覧会

「文展の彫刻」（1913 b）において権田は苦言を呈した。「今年の文展ほど近頃で詰らないものはなかつた」主因として「作家の創作的態度」が「兎

も角も『彫刻』といふ型に治まつて仕舞つた」点を指摘した（1-2頁）。芸術作品は、「借り物ではなく、又自分の生活以外の物ではなくて、兎にも角にも自分の生活の中のものになつてゐる」こと（3頁）が当然である。「美術学校の卒業製作の陳列」である文部省の展覧会において「少なくとも自分の生活の裡にその彫刻を考へて居る態度の作家の作品だけを選んで貰ひ度い」と彼はいう（3-4頁）。

[3] 芸術家の自覚

権田は、「芸術家の自覚」（1915b）で、芸術家に「日本美術なるものが人類文化史上、将たわが日本の文明史上、正に如何なる地歩と如何の意義を有しつゝあるかを遺憾なく意識しつゝあるか？」と問うた。

日本美術に「過去に於て其の時代の国家文明と国民生活に対してよく幾何の意義と関係とを有したりしかを明らかに悟得する」の義務が表れているか。その現状が現代の文化と生活とに「如何の関係に立ち、如何の役割を演じつゝあるか」に「顧る良心」（3-4頁）をもって、芸術家が「真に新らしい時代の生活に触れた創作を行ふ」時、そして「時代の生活と融合した作品を出す」時に、「根底のある芸術」が「其処に初めて生まれ出づ」るのではないか（4頁）。

「現代は生活が芸術より極めて縁遠い時代」であるゆえに「現代生活は芸術の恩沢を蒙ることの最も少なきもの」である（6頁）というのが権田の問題意識である。

本来「人間は働かざれば生活し能はざると同時に、享楽せざれば生活し能はざる」ゆえに、「人間が労働することいよいよ〜大なれば大なる程、享楽の度も亦進めなくてはならぬ」のに対して、「現代の生活は色沢なく余韻なき乾燥の色を呈して居り、現代の文明は実に野蛮」であった。権田は、「現代の生活の深奥に流るゝ情味を汲み、現代の生活に触接し融合した芸術」を創作する芸術家にその「社会に於ける位地」の自覚を促し、彼等に芸術観と人生観を問うたのである（6-8頁）。さらに「芸術家と社会生活」（1915c）で、芸術家が抱きがちな「一生に一度でいゝですから、生活の問題を離れ、自分の理想通りに自分の心向くまゝに製作をして見度い」という願望（14頁）に対して、芸術が「一個人の為め」ではなく「万人の為め

の芸術」である以上、芸術は「凡べての人の享楽の対象となるべき」であり、「凡べての人の生活に相響応する」べきだと彼は説いた（15頁）。「現代生活の精髄に触れ更らに来るべき新しき生活を暗示せんとする新しい芸術」の創作が芸術家の責務であり、「生活と芸術といふ表面著しく相反する両側面を融合して之れを渾一するもの」の追究が彼等の課題だと権田はいう（16頁）。

[4] 芸術批評のあり方

芸術批評は「それが生活と相響くもの」で「文明と交渉に立つ」べきだとして権田は、「人間の生活に於て、人間の文明に於て日本画は現在如何なる地歩を占めつゝあるものなるか？」を問い（「日本画の文明観」1914a・2頁）、日本画の因数である模様と写生の解釈の仕方に注目した。

模様は「生活の世界の暗号」、写生は「芸術の世界の象徴」（3頁）として、日本画の発達史を「写生と模様との葛藤の歴史であり、写生と模様との融合への過程」と捉えた背景には、「生活と芸術との渾一」という権田の問題意識があった（同前）。

権田は生活と芸術の融合の過程を次の四段階に分類した。

①「因襲の段階」は、「模様写生の問題に関して何等の疑惑煩悶も懐かぬ最も単純な種類の芸術」であった（4-5頁）ゆえに、「模様と写生との間にある新らしい解釈、ある新らしい結合を望むべく一歩」に向けて、②「妥協の段階」に進んだ（「日本画の文明観（二）」1914b・3頁）。「妥協」と権田が捉えたように、「不徹底」な「一時の弥縫手段」であった（4頁）。ゆえに③「懐疑」や「煩悩」に直面した。芸術は「揺らいで」、創作は「迷つて」いたこの段階に「創作家が進んで此の懐疑の雲霧中に跳び込んだ勇気」を権田はあげる（8-9頁）。そして④「自覚の段階」への到達について、「此の新らしい外的生活を代表する『模様』の側面」と「複雑に清新となりたる国民の内的生活に反映する『写生』の側面」を徹底的に解釈し、「両者を相即融和せしむる」に至って「初めて新時代の芸術が大成する」（13-14頁）ことが「新時代の文明」（16頁）である。

権田は、「自分の素朴な趣味性に対する適否を表明する」（「日本画の文明観」1914a・1頁）に止まらず、「人間の生活に於て、人間の文明に於て日本画は

第1節　美術工芸論　　*15*

現在如何なる地歩を占めつゝあるものなるか？」を基とする「生活と相響
く」批評の方向を主張した（2頁）。
　[5] 日本美術の将来
　権田は「日本美術の将来」について次のように語る（「日本美術の将来」
1915a）。
　芸術は「唯だ一つ独立して」、「他の社会現象とは何の干渉する所もなく、
その将来を開拓するものである」ではない。芸術と生活が接近して「渾一
した或る新らしい生活と共に、或る新らしい芸術を生まうとしてゐる」現
代日本美術の将来は「日本国民の生活の将来」という問題になると権田は
みた（2頁）。日本在来の芸術を基本にその将来を開拓して行くべきで、絵
画では日本画、彫刻では木彫、建築では日本式建築が中心になるべきだ（3
頁）という見解に対し、権田は、伝統的日本芸術を「実生活を捉へて呉れる」
芸術、「少くとも将来に生れて欲しと望む」芸術としては「迚も駄目である」
と断言した（4頁）。
　「新らしい人の実生活と最も接触してゐる新らしい興味」が生まれ、そ
れが満たされつつある」が、「自由芸術としての独立した芸術」を形作る
までにはなっていない。この間に「将来吾人の実生活を捉へて呉れる生命
のある芸術」が生まれ出るものだとして新しい興味、すなわち「新らしい
装飾美術の勃興」を権田は指摘した（6-7頁）。彼は「今日の装飾美術とい
ふものの製作的動機」すべてに賛同しないが、現代人が「新らしい装飾美
術に生々とした親し味を覚えてゐる」点に関心を寄せた（7頁）。権田は、「現
在に存する日本式芸術」は「現代人の生活とは懸け離れたもの」であり、「現
代人の興味を満足せしめる芸術は外に生じてある」が、なお「新たに起る
べき芸術なるものも、矢張り今日の日本式芸術が少しく進化して行くまで
のものであつて、如何に将来だとても今日の西洋式芸術の中から未来を形
作るものは出様筈がない」と主張する論者を疑問視した（同前）。
　権田は、日本美術は国民性の上に成立し、芸術は時代精神を具体化した
ものとして、時代精神を実生活に即して捉えるべきだと述べたのである。

芸術の生活化

　権田はさらに、「現代生活の特徴」である「経済的色彩の濃厚」が「人間生活の内にまで滲入し来」て、そこに「『生活の経済化』即ち『生活の理性化』」を生じさせたとみる（9頁）。これは「経済主義による生活の規定」を意味する。よって「日本の風土及び日本人の体質」と「西洋建築の様式」とがどの程度まで融和し得られない点を理由にする「日本式芸術」の絶対化に否定的であった（8,10頁）。

　また権田は、今日の資本主義の発達が生み出した「少数の富豪と多数の労働者」が労働に追われ、生活は「其れに許り都合がよい様に改造」され、「社会化し理性化して、同じ享楽を得るにしても、今までの家庭を中心としたものは消え失せて、公衆を目的とした公共的芸術が生まれて来る」から、人間は「其の新らしい生活の裡に新らたな興味を発見する様になる」として「西洋式美術が日本の将来を形作る」と予想した（10-11頁）。よって彼は「人間を余りに唯物的に見過ぎた」として、「資本主義と西洋美術」の関係の追究を主張した（12頁）。

　「資本主義と西洋美術」の関係について、権田は「日本に栄ゆべき将来の資本主義のみは、あの西洋の事古りた芸術を有り難く捉へて行かねばならぬものであらうか」と問い、「全く新らしい立場から、全く新らしい気持を、全く新らしく表現するのでなくては到底今日の人の心を捉へることが出来ない」と述べた（14-15頁）。資本主義時代を「あらゆるもの、それが生活に響のある時に初めて意義を有し、現実生活に相触れる所があつて初めて価値を表はし来る」と捉えた彼は、「生活の真髄に触れる芸術を要求する時代」を予期したのである（15頁）。

　権田は、芸術が生活を基に深化されるとみた。これが彼のいう「芸術の生活化」であった。

2. 美術工芸運動への注目

『美術工芸論』（1921）

　『美術工芸論』（1921）は、東京帝国大学経済学部助手時代の四回にわたる特別講義「美術工芸論」を骨子に、欧米美術工芸運動の紹介、美術工芸

の本質追究、日本における美術工芸の考察から構成された。権田は「美術工芸は私の年来の研究題目」である（序1頁）と述べ、先の美術評論活動とつながる。彼は、民衆と芸術の関係から、骨董品としての美術工芸ではなく社会運動としての美術工芸運動に関心を寄せた。イギリスの美術工芸運動に示唆を得た[8]権田は次のように語った。

「産業革命が早く行はれた英国は、近世資本主義の恩恵と圧迫とを、一番最初にうけた国であつた。即ち新らしき資本主義的経済組織の下に、一方、資本家階級と称する新らしき成金階級が生じたのである。」（14-15頁）

「出来た金を使ふべく、彼等の趣味は余りに下等で卑近であつた」金の正当な使途を知らない彼等は、「饒多なる消費」と「貴族生活の模倣」の二側面に、僅かにその活路を発見した。「饒多なる消費」は、「虚飾」の風を生じ、「貴族生活の模倣」は、「模倣芸術」の流を生ぜしめた。製作者である手工業者は「工業上の勢力範囲を家内工業及び工場制工業の大量生産に蚕食せられ」て「製作上の熱情も、技巧上の習練も、全然欠ける」家内工業の労働者及び機械によって、「手工業品の模倣が無自覚に無反省に行はれて行く」（15頁）。

「多数無産者階級を生じて、彼等は刻々生活の圧迫を感じ、生活の享楽、生活内容の豊富てふことに断念しなくてはならなくなつた」（同前）。

こうした「趣味の堕落」と「生活内容の空疎」の打開策として、「芸術の社会政策的意義」、「労働者の職業生活に於ける芸術の意義」を明らかにし、「専門家の仕事としてのみ認められていた芸術を、社会的意義に開放した」（16頁）ラスキン（Ruskin, John）に権田は注目した。さらに美術工芸運動として理論から実践に導いたモリス（Morris, William）に関心を寄せ、彼を「芸術の使命は人間の労働を幸福ならしめ、其の閑暇を有効ならしむる」という「労働享楽主義」に立つ（23頁）と権田は捉えた。

モリスへの傾倒

イギリス資本主義の全盛期から没落初期に生きたモリスは、「英国の没趣味、虚飾趣味に対する大反抗」（同前・18頁）である美術工芸運動に基づく社会主義解釈やシステム化した学校を批判した。その著『ユートピアだ

18   第1章　美術工芸論と民衆娯楽の着想

より』（News from Nowhere, 1890）によりモリスは芸術的思想家・教育思想家として評価される。モリスの美術工芸運動を権田の解釈をもとにみておきたい。

　資本主義の発達がもたらした「没趣味、虚飾趣味」に対峙する、ステンドグラス、金属細工、壁紙、テキスタイル、家具、建築等、自身のプリンシプルを表現したのが、モリスの美術工芸運動のはじまりである。美術工芸制作工場には、「『蒸気機関も大経営』もなかった」点から、権田はその運動を「一箇の復古運動」と捉えた（23頁）。背景には、モリスの「労働享楽主義」があり、『ユートピアだより』は、「仕事」の楽しさについて、主人公に次のように語らせた。

　「今ではもう一切の仕事が楽しいものとなっていますが、それは、仕事をしている際、それによって名誉や富において得るところがあるだろうという期待が持てるからです。そしてそういう期待が、たとえ仕事そのものが楽しくない場合にも楽しい興奮を惹き起すからです。それともまた、機械的な仕事といわれるものの場合と同じく、仕事がただもう楽しい習性となってしまったからです。また最後には（われわれの仕事の大部分がこの種類に属していますが）、仕事そのものの中に自覚された感覚的な喜びがあるからです。つまり、芸術家として仕事をしているのですね。」[9]

　権田は、「如何に些末の芸術品にても、其の製作に対する楽しみと興味とが無くてはならぬ」が「現代の生産方法は、消費者にも、生産者にも、此の如きものを拒んでゐる」ゆえに、「国民的芸術の復活は、資本主義の爪牙より労働者を社会政策的に解放して後に、所期し得らゝ」というモリスの見解に共感した（『美術工芸論』24頁）。

　労働と享楽の対立を危惧したモリスの主張を権田は全面的に支持したわけではない。労働と享楽の関係を捉え直すモリスの視点が権田にも存在した。権田は、美術工芸運動の基調として、「現代資本主義に対する抑え難い反抗心」、「生活の没趣味、生活の不自然、労働と享楽の乖離、人間生活に於ける人生味の離散、夫等に対する憤怒と抗争の表現」を指摘し（46頁）、欧米美術工芸運動から「復古的→社会政策的→創造的」の流れをみいだした。

欧米美術工芸運動　復古的→社会政策的→創造的

[1]「復古的美術工芸運動」

「資本主義併びに其れに付随する一切の生産様式の絶対的否定」に基づく「手工業への復帰」という手段である（同前・46 頁）。生産者は「創作良心」のもと、生産過程を楽しみ、消費者はそれに共感する。作品と生産者の人格が享楽の対象である。両者の関係は「生産者と消費者との相互間の人的了解」であり、資本主義体制下の人間不在の機械生産過程の打破に連なると権田はいう（47 頁）。

[2]「社会政策的美術工芸運動」

先の「資本主義全面否定」が歴史的発展を欠き、現実味に乏しいことへの問いからはじまる。民衆が趣味的産物を遍く享受するために資本主義的経済組織を全面否定すべきではない。問題は「趣味の民衆化」における趣味の内容であった。「従来少数者階級の間にのみ許されてゐた趣味」からいかに脱却するかである（48-50 頁）。

[3]「創造的美術工芸運動」

「『趣味』其物の改造から、趣味内容の創造へ出発しなくてはならぬ」とした（52 頁）[10]。「趣味の改造」は、ブルジョワ主導で民衆生活と無関係な場合が多い。権田は「民衆全体の実生活の深奥より湧き出した新しき伝統なき趣味」の創造を主張した。古いものの否定が新しい真のものの肯定につながる。妥協せず、新たな創造を生み出させる。彼は「美術工芸運動は此の段階に至つて、初めて其の徹底を見ることが出来る」と考えた（同前）。

権田は、モリスの美術工芸運動から労働と享楽の関係を追究した。民衆の文化創造を期待し、妥協ではなく、創造を主張する強いものであった。この過程は権田にとって、理論の模索であった。モリスに依拠した為、日本の実態を前提にした論の構築が求められた。

3. 美術工芸論の構築
権田の「美術工芸」理解

権田は『美術工芸論』（1921）で「美術工業とは日常生活の需要に応ずる実用の中に芸術的作用を抱合せしめんとする工業活動を称するものであ

る」（64頁）と定義した。

[1]「日常生活の需要に応ずる実用」

「現代の生活中心の思想」から「日常生活とは没交渉な奢侈工業・骨董品製作とまったく類を異にする」と権田は強調した（65頁）。民衆生活における実用の意義を最優先にした点に彼の独自性がある。

[2] 実用と芸術的作用の包合

両者の関係は本来相反するが、権田がいう「包合」は、双方の妥協による併存的結合ではなく、実用が活きてこそ芸術的作用も発揮される点である。実用と芸術的作用の包合、すなわち実際生活の美化に向けて、国民一般に健全な趣味を要求する「趣味教育」を提唱する向きについて、権田は否定的であった。よって「生活を中心としてそれを美化する実用的にして安価なる工業品」の提供・普及を主張した（143-144頁）。実用的用途と材料本来が有する性質が適合する点に「生活の美化」が生じる。ゆえに、生活に無用の贅沢品の消耗に国民の生産力が傾けられるのは国民経済の損失になると彼は述べた。

権田の研究課題

文化を「自然の人間化」と捉える権田は、自然は必然性であり、人間は自由性であると解し、文化は必然性の自由化であると述べる（同前・150頁）。人間生活を構成する労働と遊戯について、労働は人間に対する必然的要求であり、遊戯は人間に対する自由的要求であると権田はいう。よって労働は、その必然性から生じる人間に対する外面的要求、すなわち他目的かつ実用の根拠として生活の経済的側面を担う一方で、遊戯は、その自由性から生じる人間に対する内面的要求、つまり自目的かつ享楽の源泉として生活の芸術的側面を担う（150-151頁）。ゆえに、「自然の人間化」である文化は、生活の経済的側面における芸術的側面化の程度を表す。自然は資本主義経済に、人間化は民主的思想の展開によって、拡大した大正期に「民衆を基礎とし民衆生活に内在せる芸術発生の必要と可能」と「美的概念の改造」の現実化を実感した権田は、実用と美（芸術）の融合が可能になるという（154, 159, 164頁）。

権田自身、そのユートピア性を認めつつ、実用と美の融合に民衆文化創造をみいだしたのは、「働いて而して後に享楽するといふ今日の不徹底なる二重生活」の打開を求めたからである。

権田は、美術評論活動において、「由来日本人は其の人生観から云つて、純正美術を純正美術的に楽しむといふような態度には成り得」ず、それは「生活其の物の中に芸術を見やうとする性嚮」、つまり「芸術品を、其の背後には豊富なる人間生活てふものを控えしめて、これを楽しむ」傾向にあり、「芸術品を自己の日常生活の延長の中に、否、日常生活その物の間に楽しまん」とすると主張したのである（169–170頁）。したがって、欧米美術工芸運動に示唆を得た「生活の為めの芸術」―「生活即芸術」―「応用美術的基調」の傾向が日本美術にもみられると彼は考えた（173頁）。

以上より、美術評論活動、美術工芸論は権田独自の民衆娯楽論につながるのである。

第2節　民衆娯楽問題認識

1. 活動写真への注目

活動写真研究の動機

権田は、東京帝国大学哲学科（美学専攻）卒業年に、最初の著書『活動写真の原理及応用』（1914）を発表した。大学で美学を専攻しながら活動写真の研究に着手した彼は、その研究の動機を次のようにふり返った。

「大学の研究室で、『すべての予断と、あらゆる付加的意味を忘れてしまつて、素朴に率直に活動写真に対する時は、其処にある新らしいそして汲み尽されぬ一種の興味があるのを感じます』毬栗頭の青年〔権田〕が話し出しました。すると〔中略〕助手の人〔菅原教造〕は〔中略〕『そうです。一週間の仕事を兎に角片付けて、それからふらりと浅草の公園に出掛けて活動写真の享楽に過す土曜日の半日程楽しい時間はありませんね』と答へました。」（序言3–4頁）

日露戦争以降の活動写真に対する一般的関心の高まりは、様々な波紋を呼びおこした。権田は、「現代の人々が活動写真に深い興味を感じてゐる」

（8頁）という事実から、活動写真研究の必要性を感じた。

「私は活動写真の享楽といふことと、その社会的影響といふ様な問題に非常な興味を持つて居りまして、色々材料を集めて纏めて見度いものと存じて居ります。〔中略〕これが出来ますれば少くとも今日の文明といふものの一つの側面が明らかになると信じて居ります。」（13-14頁）

生活と芸術の断絶を問い、権田は「芸術と生活の融合」について模索した。ここでは民衆不在を指摘した。民衆はどこにみいだせるのか。権田は彼らの生活に焦点をあて、人間は「生きざるべからざる為めには労働し生産」するが、「生くる甲斐あらんが為めには享楽し遊戯するもの」であるゆえに、「ざるべからざる生活」と「甲斐ある生活」との融合こそが「生活の芸術化」であると考えた（「日本美術に現はれたる装飾的気分」1912・72頁）。

生活の構成要素として労働、生産は注目されるが、享楽は忘れられがちである。享楽の意義の明確化を権田は自身の課題として強く認識した。

明治後期に登場した活動写真は民衆娯楽の王座的存在になった。権田は、現代人の活動写真に対する一感想として、「困つちやつた、僕は、此の頃活動写真が大すきになつてねー。多分趣味が堕落したんでしやう。これでは成らぬと自分で思つて居ながら見ればやつぱり面白いですものね」（『活動写真の原理及応用』1914・序言9頁）に注目した。趣味の堕落なのか、それとも新たな趣味が生じたのか。彼は新たな趣味という見方をした。活動写真と「現代人の趣味」の関係の考察が「現代生活の一側面」を把握する上で不可欠だとした。権田も当時の活動写真を手放しに肯定したわけではないが、識者が一斉に活動写真を社会問題視する姿勢には批判的であった。

「〔活動写真に対して〕世の中の教育家だとか、風教を注意する方だとか云わるる人は汚がつて手にも触れない様にして居ませう。そして低級なお客様が一番肝腎なお得意様になつて居ます。そして活動写真といふものが段々低い方へ低い方へと落ちていくのですね。」（12頁）

権田は「活動写真の間違つている価値判断」の修正を研究目標に掲げた。当時彼が芸術的レベルにほど遠かった活動写真に注目したのは「人々が活動写真に深い興味を感じてゐる」事実にあった。活動写真が道楽の域から享楽の域に達する点を権田は次のように解した。活動写真特有の美の存在

を認識し、それを遺憾なく発揮させるために、活動写真劇はいかなる形を取るべきかが問われなければならない。なぜ彼等が活動写真を好むのかを突き詰めるべきだとして「活動写真の背景としての現代生活の色調」への到達を彼は目指した（343-345, 392-393, 432-433頁）。

　急激な近代化のもと、欧米からの輸入学問が主流を占め、知識階級はその学術用語を受け皿にして日本の学問研究を構築しようとした点を、権田は「文明とは何の交渉もない」、「概念の遊戯」だと批判した。「如何な些細なこと卑近な事柄でも、其れを研究して最後に文明と交渉させるまでに進んだならば、真の研究と称すべき」として通俗的な活動写真を対象とした自身の研究を「活動写真を中心とした文明論」と彼はいう（439-442頁）。

活動写真を中心とした文明論

　[1] 民衆が活動写真を好む理由

　権田は哲学思想と文芸思潮の変遷をあげた。カント（Kant, Immanuel）、ヘーゲル（Hegel, Georg）からベルグソン（Bergson, Henri）の哲学への変遷をみて、権田は「意志的―実際的―直観的―統覚的―動的―実生活の肯定―内容の拡充」の過程を跡づけた。

　文芸思潮においても同様であった。「直観と実感と事実を力説して、実生活を高調する」自然主義以降の文学の登場の意義を指摘し、もはや「古い連想と推理と創造」による三段論法は存在せず、現代人は「刹那々々に生活に響いて来る隙間のない刺激を要求する」と権田は述べた（同前・442-446頁）。

　[2] 民衆の現代の生活と活動写真の関係

　権田は、現代の生活はその時代の社会経済組織から生じるゆえに、社会経済組織、換言すれば資本主義経済を探究した。

　資本主義経済は資本が経済上の中心性利欲になり無限に利益を追求する社会制度であるゆえに、企業化から免れ得ないと彼はみた。芸術も同様で、その企業化が生じる。生活への影響は「時間促急」という形に現れ、実用性が重んじられた。

　「時間促急」とは、資本主義体制のもと「出来る丈け早く生産分配など

といふ経過を済ませて資本と利益とを得、又其の増した資本で生産を続けるといふ様に、其のひっくり返しを早く早くと大急ぎ」する資本家主導の論理であり、民衆生活に変化をもたらした。芸術において、形式のまとまりに重きを置くものや生活の外で楽しむものは敬遠され、生活そのものの中で楽しむものが好まれる傾向にあるという（446–451頁）。

[3] 活動写真における文化創造の可能性

芸術の企業化は資本主義経済の法則のもと「低廉の値で芸術を販売する」ことを可能にした（450頁）。新しい芸術として美の概念の改造の役割を担う活動写真は、「静かだとか、優しいとか、穏かだとか、珍らしいとか、稀だとか、非実用的だとかいふもの」から「動とか、凄いとか、雄大とか、同種の整一とか、実用的だとかいふもの」の中に「新らしい美」を生み出す可能性を持つと権田は述べる（453頁）。生活の概念の改造、生活価値の創作につながり、最終的には「新文明の誕生」の可能性をもたらすことになる（454頁）。

権田は活動写真における実用と享楽の二面から文明論を展開させ、「活動写真を籍りて表はした価値論」と呼んだ（441頁）。民衆娯楽の王座である活動写真と民衆生活との融合は、活動写真の享楽が民衆生活に根づいたことを意味する。労働と生産に傾きがちであった生活に、享楽を位置づけることが、新しい生活価値の創作につながるというのが彼の論の軸にあった。

2. 民衆娯楽の着想と形成

『民衆娯楽の基調』（1922）

権田は、その著『民衆娯楽の基調』（1922）において、「民衆娯楽の問題は社会が生み出した著しい問題の一つである」（序1頁）と述べ、「人生における娯楽の意味は「無価値な、又不埒なものであらうか？」と問うた（144頁）。

「私の所へ昨年の夏、早稲田大学の商科の学生諸君が十名訪ねて来られて、今期の卒業論文の題目として『民衆娯楽』の問題を選ばれたことを話され、依て適当なる参考書─無論横文字を書かれた『原書』を知らせて呉れる様にとのお頼みがあつた。けれども民衆娯楽問題には原書が無い。其処で『民衆娯楽問題の原書は丸善にはありません、浅草にあります』とお

答へした」（2頁）。

　このエピソードが語られた前年（1921）、権田は森戸事件の影響を受け、東京帝国大学経済学部助手を依頼免職、大原社会問題研究所研究員に就任した。彼は文部省に嘱託として勤務したが、その立場は在野の研究者であった。

　先の「原書」は欧米の言語で書かれた書物を指す。近代化過程において、欧米からの輸入学問が主流を占め、原書を価値あるものと捉える傾向が特に知識階級にみられた。欧米の学問・文化は優れている。その一方で日本のそれは遅れているとして、欧米の学術用語を受け皿にし学問の構築が進んだ点に対し、権田は特に知識階級について「新らしい物好き」とみなし手厳しい。

　「マルクスからクロポトキンに、クロポトキンからラッセルに移って、今度は誰れを担ごうかと、毎日毎日丸善の書棚に参詣してゐる知識階級」（28頁）

　「彼等は概念の世界、無我有の境に飄々乎として、我を忘れ、人を忘れ、社会事実を忘れる」（29頁）

権田の「民衆娯楽」理解

　日本の学問・文化の欧米偏重に対して、日本人の日常生活の中に現実をみつめ、問い返す試みを学問の根底に据えた権田は、同書で次のように民衆娯楽を把握した。

　「社会経済状態の変化は、民衆の内容を全く一変せしめ、民衆生活の基調を変化せしめた。此の新しい民衆の社会生活事実が其処に我が民衆娯楽の問題を提起した。」

　「思想が生み出した問題でも無ければ、原書の翻訳が作り上げた問題でも無い生きた社会事実の産物である。」（3-4頁）

　「民衆娯楽は近世資本主義発達の一産物であつて、無産階級に愛好せられ、享受される娯楽である。我国に於ける無産階級は、大体に於てかの世界大戦以後漸く資本主義経済が確立されて以来のもので、それと共に諸種の社会問題が発生し、所謂デモクラシー運動が起こつたのであるが、民衆娯楽はその一つの現れとしての民衆娯楽問題の提唱に基づいてゐる。」（「民

衆娯楽」1939a・2212頁）

　新興無産階級、かつ都市労働者である民衆にとって、娯楽は「最早贅沢といふべきもの」ではなく、「生活の重要なる一部分となつた」（同前）ゆえに、権田が捉えた民衆娯楽は次の点を特徴とした。

　①混沌とした日常生活に生きる民衆の自然な生態から生じる生活の知恵や情念からなり、組織化されていない点。

　②既成の学問・文化構造とは異なり、自然過程的にその世界を構築した、常に出来上がりつつあるもので、その過程に価値を置く点。

　したがって、権田が研究者として自覚的に民衆娯楽の現場に入る際に、研究者（権田）とその対象（民衆娯楽）との関係が問われる。両者の関係は時としては対立の関係の可能性をはらんでいる。ゆえに、民衆娯楽の本来の姿にとって、いかなるアプローチが有効であるかが模索されなければならない。

権田と民衆娯楽との関わり

　東京帝国大学哲学科（美学）卒業後、帝国教育会にて「東京市活動写真調査（活動写真興行と教育との関係調査）」（1917）、「東京市寄席興行調査（不良出版及び講談、落語に関する調査）」（1918）を手がけた権田は、内務省保健衛生調査会から保健衛生に関する実地調査事務取扱の委託を受け（1918-1924）、約一年にわたる「月島調査」（主幹・高野岩三郎）に加わり、「月島と其の労働者生活」を担当し、「東京市に於ける労働者家計の一模型」（1923f）、「東京市に於ける少額俸給生活者の家計の一模型」（1924c）、「労働者及び少額俸給生活者の家計状態比較」（1926a）をまとめた。月島調査への参加がその後の権田の調査研究方法論や研究姿勢に影響をおよぼしたことはすでに指摘されており [11]、月島調査そのものについても多くの論評がみられる [12]。

月島調査

　[1] 月島調査―都市における地域社会調査の先駆的存在―

　実施母体を内務省衛生局に置く月島調査 [13] の目的は「多数の熟練職工家族の団聚する地域」の「衛生状態」を明らかにすることにあった。しか

し調査主幹の高野による「保健衛生調査は、少くとも経済的社会的調査を包合し得るもの」[14] であるという認識のもと、狭義の衛生状態調査に止まらず、それを規定している生活諸条件、つまり労働事情、家計状態、居住環境にまで調査範囲が広げられた。ゆえに報告書は「月島と其の労働者生活」、「月島に於ける労働者の衛生状態」、「月島の労働状態」からなるが、月島調査自体は既存統計資料の収集と実態調査から進められた。

実態調査項目は「①月島の社会地図作成のための実地調査、②児童身体調査、③労働者の身体調査、④労働者家族栄養調査、⑤長屋調査、⑥衛生関係の職業の調査、⑦小学校衛生調査、⑧工場労働調査、⑨労働者家計調査、⑩小学校児童の家族関係、娯楽等の調査、⑪飲食店調査、⑫寄席の実地調査、⑬露店調査及通行人調査、⑭写真撮影」であった [15]。注目すべきは、社会地図の作成、職業（労働）状況、およびその移動、娯楽への関心から調査が行われ、結果がおさめられた点である。

[2] 月島調査における「記帳式方式」と「社会地図」の作成

「記帳式方法」は、「大正五年中高野氏が実行された記帳式方法に拠」り、記入期間は「一年間を目的とした」、「斯かる調査に未だ慣れいざる我国の家族、殊に生活の為めに奮闘しつゝある忙がしき労働者家族に対しては、斯くの如きは長時間の記入は望むべく極めて難事たるを思惟し、せめて半ヶ年の記入成績を得ることを以て満足せんと欲した」ものであった（「東京市に於ける労働者家計の一模型」1923f・105 頁）。

「高野氏が実行された記帳式方式」について確認しておきたい。月島調査主幹の高野は、統計学、経済学の視点から社会問題や労働問題の調査研究を行い、成果を公表した。彼が「記帳式方式」を用いたのは、月島調査実施以前の「東京ニ於ケル二十職工家計調査」（1916）である。高野は自身が考案した家計簿を労働者自身に記入させたゆえに、その調査票の信憑性の高さが評価された。調査研究者と被調査者の間には信頼関係の成立がうかがえる [16]。

「社会地図」の作成について、地域の社会実態（事実）を地図を用いて空間的に記していく方法であり、権田等調査員は高野の指示のもと、次のような行動を取った。

「表通りから裏小路までくまなく歩き、持参の図面に、ここは鉄工場、つぎは住宅・長屋建、その前が乾物屋…などと記入して行く。迷路のような細い路地にはいりこんで井戸や共同便所の位置を確かめて印をつける。」

「この長屋のかみさんはこの米屋から米を買い、この風呂屋で彼女の主人が汗を流すということまで、この社会地図は明らかにする仕組みであった。」

「月島にただ一軒の興行場―浪花節を常演する寄席の入口に立って、男二人、女一人…と入場者の数を調査簿に記入するのであった。こうして工場の定休日には男子労働者の入場者が多いとか、一般に婦人の入場者は全体の十％にすぎぬ、などという事実を発見して喜んだ。」[17]

フィールドワークの重要性

権田は、月島調査「社会地図」の作成によりフィールドワークの重要性を学んだ。彼は盛り場をぶらつく楽しみを理解し、集まり散じる民衆の人生観に共感をおぼえ、その界隈の民衆の生活行動、移動が大切な研究対象になった。

権田の調査研究方法から彼とその研究対象の関係について次のことが指摘できる。

①研究対象の把握を目的とする際にその対象世界、地域社会と切り離すことはできない、地域社会に問題は内在すること。

②研究を通して対象世界（地域社会）と時間をかけながら対話の関係を築き上げること。

③研究を通して対象世界（地域社会）やその界隈の民衆を取り込み共同の関係を成立させること。

民衆娯楽の原型「浅草」

権田は実態としての民衆娯楽をいかに捉えたのか。『民衆娯楽の基調』（1922）で「民衆娯楽問題の原書」は「浅草にあります」（2頁）と断言した権田は浅草を次のように述べた。

「『浅草』はその娯楽地としての存在に、他の娯楽地の所有し得ざる特質を固有するものあるを看取」し得る。而して此の特質こそ実に『浅草』を

大衆的娯楽地として特色付けるものであると同時に、それを現代社会生活と深い因縁に立たしむる起結となるものである。」(「娯楽地『浅草』の研究(一)」1930a・174頁)

権田は新しい総合的な盛り場としての浅草の地域形成に注目した。

「娯楽地『浅草』は決して近年の所産ではない。それの成立には長い過去が横たわっている。」(同前)

「然しながら現在の『浅草』は、已に過去の『浅草』ではないのである。」(同前)

浅草の盛り場としての歴史は長い。関東大震災の体験は、その歴史に大きな影響をおよぼした。

「震災後二週日にして焼土と化した仲見世にゲートル、眼鏡、万年筆、震災絵端書、ジャケツを売る露店や、ライスカレー、おでん、冷酒の飲食店が目白押しに出現した。」

以上より、彼は「流石は浅草だ」と考へたと述べる(「復興の都を眺めて」1924a・131頁)。

震災に限らず、娯楽業種間の競合や盛り場の存続をかけた歴史には、盛り場という地域形成を目標に掲げた民衆の存在がみえてくる。このような人間の生活の営みの歴史を持つ浅草は、民衆の日常世界と連続した地域であり、権田の中に民衆娯楽の原型として把握された。

民衆娯楽問題の登場

民衆娯楽問題の登場をどうみるか。『大観』(1921年4月号)の特集「民衆娯楽の研究」に注目する。特集が組まれた意図は次のように記されていた。

「一切の事物の民衆化が民衆の自覚の進んだ現代世界に一の大なる潮流を為し居る事は已むを得」ない。

民衆は「全国民平等の人生の享楽の分け前に与らうといふ運動」にまで進み、「娯楽の民衆化」が提唱されるのは至極当然である。

従来の民衆娯楽は「無自覚に自然に発達したもの」であるために「経済上、芸術上、思想上、将た道徳上から、民衆本位に斧正すべき点がザラに在る」。

特集における論題と論者は以下の通りであった。

①「民衆娯楽問題の種々の見方」(坪内逍遥)、②「民衆娯楽政策上の理想論を排す」(権田保之助)、③「民衆生活と民衆娯楽の関係」(大林宗嗣)、④「活動写真の現状」(星野辰男)、⑤「劇と民衆娯楽」(中村吉蔵)、⑥「数字的に見た演劇趣味」(橘高廣)、⑦「所謂見世物の世界」(仲木貞一)、⑧「ミセモノのサイコロジー」(橘高廣)、⑨「寄席の春一夕話」(永田衝吉)、⑩「ポスターの衢―『浅草』の民衆娯楽―」(権田保之助)。

　論者の持つ意識の差異があった。文化主義の立場をとる坪内①は、文化主義について「娯楽、遊戯、文芸を善用して、民衆に慰安を与え、休養を与え、彼等を鼓舞し、激励し、其元気を更新し、力を、生命を、理想を供給することを怠るまいと力める」ものであるとした。そして文化主義の立場から「民衆自身が自らに課し、自らを律し自ら治めるやうに導く」ために、「娯楽も、遊戯も、文芸も、悉く彼等自身の要求にもとづいて、彼等の手によつて改造もしくは創造されるものであらしめたい」と述べた（151–152頁）。

　大原社会問題研究所研究員・大林③は、民衆娯楽問題登場の理由の一つとして「民衆教化の問題と民衆娯楽の問題とを混同した事」を指摘した。「民衆の為めになり且つ倫理的に有益である事が必ずしも彼等の娯楽的欲求を満足させるものではない」ゆえに大林は、民衆娯楽は「民衆生活に娯楽的変化を与えて彼等の心身をリブァィブすればよい」とした（161–162, 165頁）。

　星野④は、活動写真の現状を描き「社会教育を研究し、民衆娯楽を云為する論者」が「民衆と共にあの館内の空気にひたる」ことなしに「民衆娯楽を論議し、施設するものありとする」ならば、「それこそ社会教育の方針を誤り、民衆娯楽の根本を破壊する」という警告を発した（167, 173頁）。

　権田②「民衆娯楽政策上の理想論を排す」(1921c)は、民衆娯楽は「民衆が其の実生活の間に所有してゐる厳然たる事実」であるために、その政策化には「民衆の間について、民衆娯楽の実際を詳しく知る必要がある」(『民衆娯楽問題』23頁)として、浅草の民衆娯楽を観察した。さらに⑩「ポスターの衢―『浅草』の民衆娯楽―」(1921b)では、浅草は「現実生活の延長の上に、民衆が作りだした娯楽中心地」であり、「一種の法則が流れ、一種の人生観が行はれ」ると理解した。現実生活の延長上に「理想世界」を築こうとする要求の現れが浅草であると権田は考えた（同前・339, 343頁）。こ

の要求とは具体的には何か、どのような問題背景があるのか、という問い
が権田を民衆娯楽問題に向かわせた。

　民衆娯楽問題の登場には、(1)その中心課題が「民衆の為めの」娯楽とい
う域から「民衆の」娯楽という域へ推移したこと、(2)民衆の日常生活その
ものを土台に生じたものだと考えられた点に意味がみいだせる。

第3節　社会改造の視点

　権田が民衆娯楽問題に関心を寄せた時期は近代社会教育の生成期であっ
た。彼は社会教育をどのように捉えたのか、どのような問題意識を持って
いたのか。本節では、権田が示した社会改造の視点を検討する。

1. 資本主義社会体制への問い―社会教育への関心―

　1900-1920年代は組織的社会教育論が輩出した時期であった。権田自身、
社会教育論そのものを著してはいないが、社会教育に関心を寄せていた。

学校教育と社会教育の関係

　権田は、社会教育を学校教育と比して「其の技術上に於ては相対立する
ものであり、其の内容上に於ては後者の延長である」と把握した（「社会教
育に関する一考察」1922g・225頁）。

　①技術について、学校教育は「これより人生を生きんとする人々」に「人
生の規範を与へ」るのに対して、社会教育は「既に人生を生きつゝある人々」
に「人生の内容を充実さ」せるものと権田は解した（231-232頁）。

　②内容について、社会教育運動の提唱や施設への着手から「学校教育が
盛んになつたと云ふことが社会教育を一問題たらしめた」と述べるが、「今
日の社会生活状態が基礎となつて、学校教育が盛んになつたと同時に、社
会教育が一問題となつた」と彼は理解したのである（234頁）。

　「今日の社会生活状態」を「縦の差別に立つた職人の時代から、横の差
別に立つブルジョワ対プロレタリアの時代に移つた」ゆえに、「漸く単一

化されて来た社会生活」とみる。そこでは「単一化された多数民衆を背景とした知的教育の為めの学校教育を大規模に出現せしむるに至つた」と同時に「同じく単一化された多数民衆の情意を基礎とした社会教育なるものが、時代の一大問題として提起」されたと権田はいう（235頁）。

社会教育を「学校教育の補助なり、又は代用物なり」と解するのではなく、「今日の社会生活状態」が学校教育、社会教育双方の問題を顕著にしたと権田は捉えた（235-236頁）。社会教育を学校教育と同等に位置づけ、問題の根源は「今日の社会状態」、資本主義社会にあると彼は認識した。

資本主義社会における問題

権田は、社会運動としての西欧の美術工芸運動に示唆を得て美術工芸論を構築した。彼の資本主義社会に対する問いがある。

［1］美術評論活動

芸術を「智識の対象、推理理論の対象」ではなく「情調の対象」であると捉えた権田は、「主観の世界、自己の生活せる世界と、その芸術品の語る世界とは相分れていて並存的の状態」であった純正美術に対して「自己の生活せる世界は芸術の世界は内在的の関係に立つ」応用美術を提唱した（「日本美術に現はれたる装飾的気分」1912・72頁）。応用美術化の現象として「芸術の世界を自己生活の世界の中に融合して、これを楽しまんとする状態に移り行ける」こと、すなわち「芸術の生活化」を権田は指摘した（同前）。主体である人間について、「生きざるべからざるが為めには労働し生産」するが、「生くる甲斐あらんが為めには享楽し遊戯するもの」であると主張した（73頁）。

［2］美術工芸論

資本主義社会により「『労働』と『遊戯』とは全く縁を切つて仕舞つた」ことを権田は問うた。「労働は趣味と全然無関係・没交渉」となり「一刀を加へては楽しみ、一釜を与へては其の製作過程を喜んだ時代の面影は失せて、誰れの為めに製作するといふ考、自己の満足の為めに労作するといふ気持は去つて、唯だ資本家の営利の為めに労働する」状態である（『美術工芸論』1921・5-6頁）。

「『人生』てふ生命の源」がみえない、営利・生産偏重で人生に対して真の意味から振り返ることのない点に、欧米の美術工芸運動が警鐘を鳴らし、労働享楽主義を掲げて労働と享楽の二元的関係の克服をめざしたと評した権田は、この運動を「資本主義文明に対する反抗運動」と捉え、あらゆる社会改造がこれにより解決に導かれると解した（同書・16-24頁）。「今日の社会生活状態が基礎」となり「社会教育が一問題」となった（「社会教育に関する一考察」1922g・234頁）とみる彼は、日常生活を構成する労働と享楽の関係の捉え直しこそが社会教育の課題である社会改造だと解した。

社会教育がめざすもの

社会教育の目標として社会改造を権田は掲げた。資本主義経済社会のもと、民衆の生活について次のように描いた。

「新しき民衆娯楽創造の気運」（1922c）では、「商品生産の様式に取り捲かれてゐる。生活を装ふありとあらゆる生産物は何人の手によつて如何なる心意が働いてゐるかに共鳴し度くも其のよすがらが無い」。

「今日の民衆生活は金に乏しく、暇に欠けて居る」ことから、「労働者は労働者、俸給生活者は俸給生活者の論理をそのまゝ働かしめて、以て直ちに味ひ得る様な娯楽を要求しつゝある」ゆえに、「民衆は其の実生活の圏内に、其実生活の論理の延長の上に娯楽を建設せんとしつゝあるのである。」（『民衆娯楽の基調』1922・72-73頁）

「資本主義社会と流行」（1922h）では、「資本主義的経済組織の下に於ては、人間の欲望とか、人間の需要とかは極度にその価値を失墜して、一切は『資本利潤』によつて価値の判定が下さるゝのである。」

「『人』を決定する『物』を最後に決定する所のものは実に此の『資本利潤』なのである。」（同前・66頁）

権田が民衆娯楽を「民衆生活が民衆娯楽を作る」ゆえに「出来上つた娯楽ではなくて、常に出来上りつゝある娯楽」（5頁）であるとしたのは、民衆の日常生活から発した要求に目を向けた所以である。それが民衆娯楽として創出される過程に注目して社会教育を「既に人生を生きつゝある人々」に「人生の内容を充実させ」ることを目的に「今日の社会生活状態」によっ

て「単一化された多数民衆の情意を基礎」とするものと彼は捉えた（「社会教育に関する一考察」1922g・231-235頁）。

2. 社会像の模索
大学で哲学（美学）を専攻

　権田の中で社会に対する関心は早い時期から存在した。早稲田中学時代（1899-1904）に恩師・安部磯雄と出会い、社会主義に開眼する契機を得たという[18]。当時は日清戦争で勝利した政府が軍備拡充を邁進し、満州をめぐるロシアとの緊張が高まり国内に主戦論が高まった一方、平民新聞等非戦論を主張する向きもみられ、挙国一致体制のもとでの戦争はあり得なかった。同時に日本資本主義は帝国主義へ急速に展開、労働者問題をはじめとする社会問題を一層顕著なものにした。開戦論に疑問を抱いた権田は、平民新聞に共感を覚え、友人等と校内回覧誌に非戦論を投稿し放校処分になる（「安部先生と私―解説ならぬ解説として―」1947・171頁）。

　商工中学に転校、平民社の「社会主義伝道行商」に参加、同中卒業後「ドイツ語で資本論を読む」（同前・189頁）ことを目標に東京外国語学校独逸語学科進学（1905）、その後は東京帝国大学に進学（1908）、哲学（美学）を専攻した。そうした経緯からマルクス主義学問(経済学)を彼が選択しなかったとみることができると子息・権田速雄（1982）は指摘した[19]。

「民衆娯楽」追究の焦点

　権田による「民衆娯楽」追究の焦点は、新興無産階級である都市の労働者の生活とそれに基づく娯楽の形成にあった。『民衆娯楽の基調』（1922）で権田は、特に浅草に注目し、権田は「民衆娯楽問題の原書（ママ？）は丸善にはありません。浅草にあります。」や「『民衆娯楽』の原書である『浅草』を作り出した『民衆』を常に心に留めて置く」ことが民衆娯楽問題を考察する際に「寸時も忘れてはならぬ点」であると述べた（2, 5-6頁）。「民衆生活が民衆娯楽を作る」、つまり「民衆が『浅草』を作る」（5頁）と解した。

　[1]「浅草」の世界

　「ポスターの衢―『浅草』の民衆娯楽―」（1921b）で権田は、浅草を「一

種の纏まつた世界であつて、其の裡には一種の法則が流れ、一種の人生観が行はれ、一種の因果関係が支配してゐる」が、それは「此の社会、此の現実社会から全く懸け離れた別の世界」とは異なると解した（『民衆娯楽問題』1921・339頁）。

したがって浅草を構成するもの、その世界を次のように描いた。

「『浅草』といふ、仲見世、観音様、花屋敷、十二階、玉乗り、活動写真、安芝居、小飲食店、十二階下の魔窟」などが「一所になつて出来上つた一つの世界、一種の雰囲気、さうしたものゝ裡に『浅草』の本体が動き、『浅草』の生命が踊つてゐる」（337-338頁）。

「人は『浅草』を味ひ、『浅草』を楽み、『浅草』に触れんが為め」に、「活動写真館に入り」、〔中略〕「十二階に昇り」〔中略〕「鮨をつまむ」（339頁）。

「此の『浅草』を持つて帰らんが為めに、『浅草』を暫しが程己が家へまで延長させんが為め」に、浅草のお土産を買う（同前）。

権田は「浅草」を「実に現代の民衆が生み出したもの」であると強調した（341頁）。資本主義のもと、民衆は「現実生活の論理や情感を離れて現実世界の外の論理や情感を味つて行く『通人』となるべき」時間と金がないゆえに「彼等の現実生活の論理や情感の延長の上に彼等の生を楽んで行く或物を要求」する（342頁）と彼は述べる。

現実の生活を彼等が「感情なり論理を以て」楽しんで行くことの出来るような、いわば「現実世界の中に理想世界（ママ？）を作り上げ様とする要求」の具体化が浅草であり、「ディレッタンティズムが倒れて」、「プロレタリアニズムと云ふ『大向ふ主義』」が主勢力となる点に、権田は「『浅草』の社会生活に於ける意義」をみいだした（同前）。浅草こそが、民衆の日常生活における労働と遊戯（娯楽）を両立し得るとして、彼等が現実世界にありながら浅草で喜怒哀楽を示せると権田が強調したのは、一般的に「現実世界の外に理想世界を立て」、その中でのみ「人間としての真の生活」を味わったからである（341頁）。この理想世界とは、ディレッタンティズムが作り出した世界であり、ゆえに「金と時間のない」現実に生きる民衆はその中に存在し得ないと彼は考えた。

［2］民衆の性質

権田は同じく「ポスターの衢―『浅草』の民衆娯楽―」（1921b）で浅草において主導権を握るべき民衆の性質を論じた。

「総ての感能に訴うる娯楽が、取り揃えられて」いる浅草には「纏つて落ち着いた所の無い」、「絶えず動いて行こう」とする「各方面に分化した趣味の雑多」がある。したがってインテリゲンチアとプロレタリアからなる民衆は、それぞれがその現実生活の論理と感情をもって浅草の世界に臨んだといえる（『民衆娯楽問題』1921・343頁）。

その様子を権田は次のように描き出した。

「満堂の労働者階級を感激させて館内がどよめく様な歓声で充たされる『富士館』」

「満員の学生知識を緊張させて、館内に一種幽玄な閑寂が流れる『帝国館』」

「知識階級及び俸給生活者の夫婦連れをしんみりとさせてゐる」『電気館』

「労働者階級の家族連を泣かせてゐる」『常磐座』

「八割近くを占めてゐる子供の観客」がいる」『大勝館』

「大部分を占めてゐる俸給生活者の細君」がいる『オペラ館』

「ハイカラな学生」がいるカフェー

「子供を連れた労働者」のいる「鮨清」

「プロレタリアの現実的人生観が遺憾なく表現」されている「ちんや」の二階

「知識階級の子供同伴の夫婦の遊園地といふ観」を呈している「花屋敷」

「活動写真がはねて」、「ありとある飲食店がお客で一杯になる」、「活動の女給」が「帰つて行く頃から初めて眼をさます一廓」であるおでん屋、菓子屋、「『浅草』は此の一廓で一日の目を閉じる」（344-345，349頁）。

［3］活動写真

権田は「現代人の求める民衆娯楽の要素」（1923e）では活動写真に注目し、民衆娯楽とその政策とのズレについて言及した。資本主義体制のもと、民衆は「仕事は仕事としてする代りに娯楽を味はゝねばなら」ず、その意味で彼等にとって娯楽は道楽ではなく「食物と同じ様な使命」を持った。生

活の大部分が労働に費やされる中、「疲れを休める事によつてよき明日を
つくる」ことは彼等の当然の要求である。したがって娯楽の「民衆化」が
急務の課題となった民衆娯楽である。民衆化の要件は了解性に富み、「民
衆の文化的要素」を持つことである。それを満たす娯楽として活動写真に
関心を寄せた。

　権田はまた「浅草を中心として」（1920c）で、活動写真観覧者数の莫大
さに注目し浅草を中心とした活動写真館を次のように観察した。

　「大小数えて二十幾つかの興行場が元日の素天辺から、大晦日のどん詰
りまで、朝は十時頃から、夜は十時半頃まで、引つ切り無しの、ドンジャン、
ブーブーといふ大騒ぎ。此処へ来ては、三段論法の流行する懸引の世界は
遙かに遠く去つて、老いたるも、若きも、男も女も、理屈離れの遊蕩気分
の世界の空気に、心行くまで浸つて居る。」（『民衆娯楽問題』1921・351–352頁）

　「労働者の一家族が、腰弁の夫婦連れが、見果てぬ淡い歓楽の夢を追う
様な眼付きをして、帰つて行く光景が見られる。」（353頁）

　「各種の館、夫々に、其の提供する映画から弁士の説明、広告の仕方に
至るまで、皆違つています。」（358頁）

　「『活動通』の内容も、時代と共に非常な変化をして居る。つまり段々素
人離れがして来て玄人の塁を磨することになりました。」（同前）

　これらを権田は「活きた社会の問題」、「素晴らしい社会的事実」と評し
た。民衆娯楽は固定されない、常に動きつつあるものであった。

権田の社会観

　権田が社会について語る際、次のような意味が込められた。

　①民衆のエトスや感情が息づく、いわば「現実世界に築かれた理想世界」
としての社会であり、②このような世界の現実化に向けての社会教育であ
り、③活きた社会問題の追究の重要から学問対象としての社会である。

　権田は民衆娯楽を「学者が書斎で捏ね上げた抽象的概念の産物ではなく
して、社会生活が街頭より自然に生み出した具体的事物の産物」（『民衆娯
楽問題』1921・序2頁）とみなし、その方向は必ず社会の中に示されると考
えた。彼の求めた社会とは、民衆生活実態を把握し、その改善を模索する

指針として機能するものである。したがって社会事実と対峙することが民衆生活を把握する手だてとなる。

　社会は民衆生活と結合しているが、労働と生産が全面に押し出されるゆえに、生活における娯楽の状況、その位置づけの捉え直しの必要を権田は主張したのである。

　権田は、民衆が日常生活の中で娯楽を通して「文化的要素」(「現代人の求める民衆娯楽の要素」1923e) を獲得することを民衆娯楽の要素とみた。すべての人が娯楽を通して「文化的要素」を獲得する過程を「娯楽としての一つの民衆教化を成し遂げるもの」(同前) と捉え、彼らの「人生の内容を充実させ」るものとして社会教育 (「社会教育に関する一考察」1922g・231–232頁) を彼は注目したのである。

3. 社会教育への注目

　権田が社会教育について言及しはじめたのは 1920 年前後であった。資本主義社会体制のもと、生活のありように対する彼の疑問が、帝国教育会における諸調査や月島調査への関与により、民衆生活の実態の一端に触れる機会を得たことで、一層顕著なものとなった。さらに文部省社会教育調査委員として民衆娯楽関係の任にあったことが大きい。

文部省における「民衆娯楽改善」

　権田は、文部省主催第二回社会教育講習会 (1921) で社会教育調査委員として「公衆娯楽と社会教育」を講演した。「地方社会教育担当主任吏員ノ設置ニツイテ」通牒 (1921) により、府県郡市に設けられた社会教育主事を対象に彼等の教育事務上、直に参考になる題材の講義を目的[20]とした同講習会において彼が講義を担当したことは、活動写真に関する研究の成果や帝国調査会委嘱による娯楽関係調査および内務省保健衛生調査会委嘱調査 (月島調査) 等の経験による。彼は「事実としての」民衆娯楽と「政策としての」それを別物とみなし、「何処までも『事実としての民衆娯楽』を突き詰めて、其処に始めて政策を樹てねばならぬ」(『民衆娯楽の基調』1922・序 2–3 頁) という信念を持った。公的社会教育との関係から公衆娯楽

について権田が論じたのは、講習会の主旨から「民衆娯楽改善」が文部省社会教育関係者の関心対象であった点と関係する。

1919 年設置の文部省普通学務局第四課管掌事項は以下の通りであった。①通俗教育（1921 年より社会教育に改称）、②図書館・博物館、③盲唖教育及特殊教育、④青年団体、⑤教育会。ここでみる限りは民衆娯楽に関する事項はみあたらない。

しかし第四課の中心的存在であった乗杉嘉寿（1923）は、社会教育の課題の一つとして「民衆娯楽の改善」をあげ、「『民衆』の二字を冠するに足る娯楽として、正しき選択をなすには可なり周到な用意を要する」こと、「国民一般の風習気品を高め生活をよりよく正しきものとする」ことを目的とした。乗杉は「我等日本人が本来主観的の娯楽を国民生活社会生活に応用する事に於て一歩の後れをとつてゐる」こと、主要な民衆娯楽として演劇、寄席、観物、活動写真をあげ、うち「最も注意すべきは活動写真」と述べた[21]。

文部大臣中橋徳五郎（1923）は、「我が邦内外の情勢に照らして最も緊切の要務」である「国民教育の効果を一層且つ大ならしむる」ために「学校外の社会教化の施設」を必要とし、その目的を「一般国民の思想を善導」することに置いた。「国民をして其の生活に於ける方法を改善」させ、「国民全体に対して其の趣味を向上せしめ」るべく[22]、その一端を民衆娯楽に担わせた。

さらに文部省社会教育当局刊行の『社会と教化』（後に『社会教育』）は「社会教育上最も急務とすべき施設」として「趣味と娯楽の向上」（中橋・同前・49 頁）や「健全なる民衆娯楽の勧奨」をあげ（51 頁）、特に活動写真へ関心を示した。

通俗教育から公的社会教育確立への過渡期、社会教育の範囲、および系統の具体化により、「民衆娯楽の改善指導」は、社会教育の範囲として、「民衆娯楽施設」（活動写真・寄席・演劇等）は社会教育の施設として位置づき、民衆娯楽は次第に公的社会教育の範囲・系統において不可欠な存在になった。したがって「民衆娯楽対策を考究す」ることを目的の一つに、文部省内設置の社会教育調査委員会はこの経緯に位置づいた。

このように文部省、権田ともに、民衆娯楽、特に活動写真に注目を示した点は一致した。問題は民衆娯楽に対する彼等の意識である。社会教育調査委員会の設置後、文部省は民衆娯楽関係の施策を着々と進めたが、社会教育行政の組織化において社会教育調査委員が民衆娯楽に関して積極的に参画したことの表れである。同委員の中心的存在は、権田、橘高廣、星野辰男、菅原教造であった[23]。

社会教育調査委員（民衆娯楽）の略歴

権田以外の三者について簡単にその略歴をみておきたい。

橘高廣は、報知新聞社から 1913 年警視庁に入庁して、活動写真を中心とする検閲に関わり、以後約十年間にわたり警視庁検閲掛長を務めつつ、映画評論家としての顔も併せ持っている（ペンネーム：立花高四郎）。著書として『民衆娯楽の研究』（1920）、『映画劇と演劇』（1922）、『活動狂の手帳』（1924）、『現代娯楽の表裏』（1928）等がある[24]。

星野辰男は、文部省社会教育調査委員に嘱託された当時、高校の教師であった。1923 年 5 月に同委員を辞職後、朝日新聞社に入り、『アサヒクラブ』の編集長を務める一方、『映画年鑑』の創刊や社団法人理事として映画製作にあたり、モーリス・ルブランの「アルセーヌ・ルパン」シリーズを日本に紹介した翻訳家として知られた（ペンネーム：保篠龍緒）[25]。

菅原教造は、東京女子高等師範学校教授であり、江戸時代における義太夫、講談、落語などを専門としたゆえに、文部省では蓄音機レコード関係を担当した[25]。

社会教育調査委員主導の展開事業

［1］映画推薦制度

『社会と教化』1921 年 3 月号で「文部省推薦映画」中に、「民衆娯楽を純化し国民の趣味を向上し其の慰安の途を全からしむる」ことを「社会教育上最も重要なる事項」の一つとする認識が示された。文部省、および社会教育調査委員が「民衆娯楽改善運動に着手」するに至った所以である。

映画推薦について、「民衆娯楽の中でも活動写真が一般に及ぼす影響」

は甚大であり「之が改善発達を企図する」ことが急務で「映画改善及利用に関する機運を促進」することが目的であった（82頁）。

[2] 活動写真説明者講習会の開催

目的は活動写真営業者および説明者との協議の場を設け、彼等の「人格の向上」とその説明方法の改善を図ることにあった。

[3] 全国民衆娯楽状況調査

府県に通牒して実施された。公的社会教育が「国民一般の趣味向上を図り之に健全なる娯楽を提供する」こと [26] を目的にした民衆娯楽の基本調査であった。

民衆娯楽をめぐる文部官僚とのズレ

権田、橘、星野、菅原の四氏が1920年社会教育調査委員嘱託時に、「民衆娯楽発達のためには決してわれわれの自由を拘束してはならぬ」と主張したことから、彼らが文部省社会教育行政においてある程度は自由な活動が可能であった。ゆえに彼らと文部省官僚の間には認識のズレが生じた。それは権田が「官僚の貴方〔乗杉〕と国家的民衆娯楽の発達を生涯の仕事とする私とは思想がてんで合致しない。民衆娯楽は一文部省が創造するものではない」と述べて彼等が委員を辞任した経緯にみえる [27]。

権田は「公衆娯楽と社会教育」（1921a）において、公的社会教育の成立経緯と公衆娯楽の関係を、次のように述べた。

「社会生活の実際と云ふものが近年〔中略〕変化を致しまして、〔中略〕一般の間には教育知識と云ふものが普及され、〔中略〕民衆的精神とか云ふやうなものが此現代生活の間から生れ出て参りました、それで教育の中に社会教育と云ふ一つの考え方が新しい時代の新しい一つの符調となつて合言葉となつて表はれて参りました、さうして又此公衆一般の社会生活と非常に近い寧しろ其公衆の生活の枢要の部分を占めて居ります、公衆娯楽と云ふやうなものが〔中略〕非常に或意味のある著しきものゝやうになつて現はれて参りました〔中略〕是迄は識者、教育家と云ふ方々の間とそれから公衆娯楽と云ふものとの間に〔中略〕新しい文化を築上げられなければならぬと云ふ〔中略〕気運になつて参りました。」（2–3頁）

権田は、公衆娯楽の定義およびその範囲について次の点を指摘した（5-8頁）。①多数が集合すること、②一般的普遍性が要されること、③娯楽性を有すること。

つまり「一人若くは数人の少数の間にのみ」楽しまれるのではなく、「特種の社会階級とか特種の範囲の人々に限られてはいけない」点と、「何か外に目的を追求する」のではなく「夫自身を目的とする」ことが娯楽になる点を権田が強調したことから、彼の説いた公衆娯楽は「相互的諒解なきを条件とする多数民衆に諒解し易くして且つ廉価なる興味を供給する設備」となる（9頁）。

「相互的諒解」とは、公衆に対する説教の類を指す。以上の条件を満たすものとして、寄席、活動写真、芝居をあげ、それを三大民衆娯楽と彼は呼んだ。権田は公衆娯楽が説教、教化という目的を全面に出すことに否定的であったが、公衆娯楽に教育的意義をみいださなかったわけではない。彼は社会教育の原理を学校教育のそれとは別物であると考えた（46頁）。社会教育の本領とは、社会一般公衆に存在する事実にあり、それを拡充させることで社会教育が完成すると彼は述べた。生活から遊離しない改造が公衆娯楽の向上であり、「社会教育の完成」につながると権田は考えた。

以上の点を社会教育関係者に促し、社会教育の現場に直に携わる娯楽業者を「公衆の実生活の一の深奥に触れ、健全に共鳴した芸術を創出する存在だと権田は捉えた。

権田の考える民衆娯楽の向上

公衆娯楽の向上を目的とする社会教育が重視すべき点は何か。権田は社会政策学会公開講演会（1920）において「民衆娯楽の危機」と題する講演を行った。

「『民衆娯楽の危機』は〔中略〕民衆の実生活の延長の上に味うべき民衆享楽が、其の内容に於て漸く高騰的の傾向を示し来つたこと〻其の形式に於て漸く其の娯楽費に昂騰を示して来つたこと〻によるのである」（『民衆娯楽の基調』1922・23頁）。

[**1**] 娯楽の内容

第3節　社会改造の視点　　*43*

　権田は「娯楽の内容の高騰化」をその危機の起因として指摘した。民衆娯楽に対し、文部省普通学務局第四課は「一般国民の思想を善導」すること、「国民全体に対して其の趣味を向上せしめ」ることを目標に、改善の視点から「国民の趣味涵養の上に大なる役割を為す」として「本来主観の娯楽を国民生活社会生活に応用すること」を目指した[28]。これについて権田は次のように考えた。

　「今日の民衆娯楽が或る階級の人の眼には、或は低級であると映ずるかも知れない。しかしながらこれが或は今日の民衆にとつて却つて適合してゐるのかも知れない」(『民衆娯楽の基調』1922・163頁)

　民衆娯楽の改善に対して、何をもって娯楽の善悪が判断され得るのか、権田は問うた。善悪の基準によって娯楽が捉えられること、民衆の日常生活実態から断絶されることを回避するために、娯楽がその善悪の価値判断から自由であることを彼は主張した。

[2] 民衆娯楽費

　「民衆娯楽費の昂騰」の原因として「娯楽の供給者が営利主義を原則としてゐる営業者であると云ふ」点、「民衆の生活と直接相響応してゐる民衆娯楽が営利主義の原則に従つて供給されてゐる」点を権田は指摘した(165頁)。問題の根源を彼は次のように述べた。

　「民衆娯楽の発達といふことを、民衆生活に吻合した娯楽の発生といふ意味に解する時は、民衆娯楽其の物を改変させるよりも、民衆生活の方を改良する方が寧ろ適切ではあるまいか。即ち民衆の社会経済生活の改善と云ふ事が問題の中心ではあるまいか。」(161–162頁)

　権田は民衆生活の現状を見つめその改良の必要を指摘したのである。

娯楽業従事者への期待

　「社会経済生活の改善」に向けて、権田は「民衆娯楽」を成り立たせている民衆、娯楽業従事者に期待を寄せた。彼は「民衆娯楽の危機」に際して、民衆自身による問題解決に向けての教育的活動を想定したのではないか。

　こうした権田の問題意識は、文部省主催による活動写真説明者講習会(1920)に具体化された。東京市浅草公園内青年伝道館において全国の活

動写真説明者を対象に一週間にわたって、開催された。目的は活動写真営業者および説明者との協議の場を設置し、文部省の映画に対する方針を示して彼らの人格向上とその説明方法の改善を図ることにあり、講話、実地批評会、懇談会から構成された。講話の題目と講師は以下の通りであった。

　一．「社会教育と活動写真」・乗杉嘉寿（文部省社会教育課長）

　二．「国民道徳と現代思潮」・大島正徳（東京帝国大学教授）

　三．「映画の鑑賞と説明に就て」・菅原教造（東京女子高等師範学校教授・文部省社会教育嘱託）、権田保之助（東京帝国大学経済学部講師・文部省社会教育嘱託）、星野辰男（文部省社会教育嘱託）

　四．「活動写真の取締に就て」・橘高廣（警視庁検閲掛長・文部省社会教育嘱託）。

　講習会の意義は、活動写真説明者の「人格の向上」の解釈如何について、彼等との「協議」を行う、その場の設定にあった。

　[1] 民衆教育者としての役割

　彼等の「人格の向上」を目指したものである。権田は、通俗教育（社会教育）が「学校教育に対して二次的な意味を有する」に過ぎず、そのような「不名誉なる『通俗教育』てふ名称を学校教育者諸君に返上して、自ら呼ぶに『民衆教育』てふ名前を以てせん」と述べた。本来「民衆の手に民衆の間より生まれ出でなくてはならぬ」と彼が教育を捉えたことによる（「民衆教育の根拠と其向上」1919・43頁）。

　権田は、通俗教育から社会教育への流れに娯楽がその一手段として位置づいたのとは異なる、幅広い内容や意味を娯楽にみいだし、民衆教育の定義を導いた。娯楽が有する、学校教育に止まらない「社会の教育化」の機能を視野に置いた。これを彼は「民衆教育機関」と名づけ、「大は新聞雑誌より、小は街衢を行くよかよか飴屋、門附けをして行く新内語り迄」広範囲から把握した。その中では、娯楽業従事者は教育者の役割を担うゆえに、「民衆教育は遥かに広き実社会を背景としつゝある活ける教育」であることを誇りに民衆教育者としての自覚を持つべきだと権田は語る（同前・43-44, 53頁）。

　[2] 娯楽業従事者の学びの場

　娯楽業従事者を対象とした「協議会の場」の設定である。活動写真各社

連合従業員講習会開催に発展し「大日本説明者協会」設立に連なる。同会の主事業は、相互の向上を目指した講習会の開催、講習録および会報の発行、会員の就職斡旋、会員の福利厚生施設の設置(体育・慰安)であった[29]。

[3] 権田と娯楽業従事者との交流

権田は活動写真説明者講習会の発展的継続として私的に活動写真説明者等との交流の場を持ち続けた。説明者の連盟も存在し権田と共同の形で学習会が持たれた。その背景には活動写真説明者からの強い要望があった(「芸術に於ける真」1923c・98頁)。権田は活動写真説明者との学び合いを当初は週一度程度自宅にて開いたが、参加者の増加により浅草公園にて講演会を催す形になった[30]。この講演会のあり方を彼は次のように述べた。

これまで説明者に対する講習会は「結論が必要で、途中の論議はどうでも好い〔中略〕それでよかつたのでありました。而し〔今は〕其の途中の議論即ち推論が大切なのであります。吾々が自己を教養してゆくと云ふ事になると、〔中略〕結論までに赴く間に在る色々の理屈とか推論とかが大切なのであります。それでこの企ても結論に至る種々の材料を提供して見たい」(「芸術に於ける真」1923c・98頁)

活動写真説明者に対して自己の能力と可能性について自覚を促し、「聯盟」として組織することになった。彼はこの学習活動を次のように位置づけた。

「今回の私のこの企ては所謂大学延長運動でもあります。私は二年間、社会問題と文化史の講義をした事がありますが、大学の学生や女子大学の学生よりも世の中で職業に従事し実生活に面接してゐる人の方が、却つて私の説を真剣に、活きて解釈して呉れると云ふ事が判りまして、極めて心強く感じました。そこで大学に於ける講義と同じものを、ここでお話ししようと云ふのであります。ですからここに大学の講座が出張したと思つてお聴きを願いたいと思います。」(同前)

講義の演題として「芸術に於ける真」、「生活逃避の哲学より生活中心の哲学へ」、「映画説明芸術の誕生」(ともに1923)が確認される[31]。権田はこの「大学延長運動」を「大学の中で研究した事を世の中の実際社会へと延長させて行かうとする運動」(「芸術に於ける真」1923c・99頁)と定義づけた。

「大学に於ける講義」と活動写真説明者とはいかなる関係にあるのか。権田は講義において説明方法を彼らに伝授してはいない。演題「生活逃避の哲学より生活中心の哲学へ」においては西洋哲学思想の変遷史をたどりながら、一見「七面倒くさい」哲学ではあるが、実は「生活が概念を生み出し、生活事実が思想を作り上げ」たものであって、生活から遊離したものではない。したがって「映画の中に現はれて来る人物の生活を少くとも共に生き、性格に共鳴し、其の人物として語る時、其処に映画の外に説明者なく、説明者の外に映画がない、即ち映画と説明とが融合相即した『説明芸術』の完成を見得る」ことに彼等の意義があると権田は説いた（「生活逃避の哲学より生活中心の哲学へ」1923d・108頁）。この場合の生活は、民衆の真剣な日常生活を指す。活動写真はそれと相響くゆえに、暇つぶしの道楽ではなく芸術であると彼はいう。

権田が民衆娯楽問題への取り組みを通して学校外の教育に目を向けたことは、従来型の教育とは無関係とみなされてきた人々（この場合は娯楽業従事者を指す）が民衆娯楽を担ってきた経緯をふり返り、その教育的役割を明らかにして、そこから学ぶべき事柄をみいだす契機となった。

権田は民衆娯楽の現状から「民衆の社会経済生活の改善」、社会改造の必要性を強く認識した。彼は、制度としての通俗教育（社会教育）は学校教育の「補助機関」（「民衆教育の根拠と其向上」1919・52頁）であり、学校教育の抱える問題を埋めるのは不可能だと考えた。社会教育は、民衆の「現実の社会生活が実際に要求して、事実として己に生み出してゐるものを取扱はんとするもの」であるべきだ（「社会教育に関する一考察」1922g・226頁）と解したのである。

権田の考える教育は、広い社会を背景とする活きたものであり、学校教育の補完とは異にするものであった。

注
1　鹿野政直（1975）「大正デモクラシーの思想と文化」366-367頁。
2　小川利夫（1977）「現代社会教育思想の生成」132-142頁。

（第 1 章　注）　　*47*

3　山本恒夫（1972）『近代日本都市教化史研究』21 頁。

4　渡辺暁雄（1992）「『生活』の発見―雑誌『日本美術』に見る権田保之助の変遷―」61, 74 頁。

5　ジェロー、アーロン（2000）「権田保之助と観客の映画文明」1 頁。

6　笹山央（1983）「美術工芸論について―紹介に主眼を置きつつ―」45 頁。

7　権田速雄「父・権田保之助（1）―小伝風に―」47 頁。

8　『美術工芸論』序 1 頁。権田はイギリス、フランス、アメリカ、イタリア、ドイツの美術工芸運動に関心を寄せていたが、同書においては、イギリスのそれについて一番詳細に触れていた。

9　モリス、ウィリアム（1968）『ユートピアだより』173 頁。

10　この視点を比較的明らかに説いていた例として、戸田海市『工業経済』宝文館・1910 年とウェンティヒ『経済と芸術』（Heinrich Waentig : Wirtschaft und Kunst. Jena 1909）を権田はあげている。

11　例えば、田村紀雄（1975）「解説」『権田保之助著作集』4、寺出浩司（1982a）「労働者文化論の形成と変容」などに詳しい。

12　例えば、関谷耕一（1970）「解説・高野岩三郎と月島調査」『（生活古典叢書 6）月島調査』、三好豊太郎（1980）「月島調査の成立とその経過について」、および大島清（1968）『高野岩三郎伝』に詳しい。

13　内務省保健衛生調査会編（1921）『東京市京橋区月島に於ける実地調査報告』第 1 輯（前注、関谷（1970）『（生活古典叢書 6）月島調査』に所収）。

14　同前・関谷（1970）・56 頁。

15　同前・52-54 頁。

16　高野岩三郎（1916）「東京市ニ於ケル二十職工家計調査」93-95 頁。

17　大島清（1968）『高野岩三郎伝』102-103 頁、および『大観』1921 年 4 月号特集「民衆娯楽の研究」148 頁。

18　権田保之助（1947）「安部先生と私―解説ならぬ解説として―」（安部磯雄『地上之理想国瑞西』平民社・1905 の復刻版に付された論考）106 頁。権田速雄（1982）「父・権田保之助（1）―小伝風に―」41-42 頁。

19　権田速雄は、父・保之助が「社会主義思想→マルクス→独逸語→資本論→マルクス経済学」ではなく「社会主義思想→マルクス→独逸語→哲学（美学）→民衆娯楽」というコースに「変った」と捉えた。第 2 章注 1 参照。

20　文部省普通学務局編（1921）『社会教育講演集』はしがき。

21　乗杉嘉寿（1923）『社会教育の研究』12, 111-114 頁。

22　中橋徳五郎（1921）「大いに社会教育を振興せよ」2-3 頁。

23　文部省社会教育局編（1938）「文部省に於ける映画・蓄音機レコード其他民衆娯楽改善に関する施設年表」54 頁。

24　杉座秀親（1991）「橘高廣」石川弘義ほか『大衆文化事典』480 頁。

25 田中純一郎（1979）『日本教育映画発達史』42-43 頁。

26 「最近社会教育概説・民衆娯楽」『社会教育』1925 年 9 月号・62 頁。

27 報知新聞・1923 年 5 月 23 日。なおこの周辺のことに関しては寺出浩司（1983a）「民衆生活の『自立』視点から『防衛』視点への転換」、水谷大瑩（1983）「今もわが心に生きる権田保之助」に示唆を得た。

28 乗杉（1923）『社会教育の研究』21-22, 111-114 頁、および中橋（1921）「大いに社会教育を振興せよ」2-3 頁。

29 雑纂「活動写真説明者協会」『社会と教化』1921 年 8 月号・87 頁。

30 この周辺については権田（1923c）「芸術に於ける真」98 頁、権田（1923d）「生活逃避の哲学より生活中心の哲学へ」（108 頁）にて触れられている。また寺出浩司（1983）「民衆生活の『自立』視点から『防衛』視点への転換」（11-12 頁）は娯楽業労働者の組合組織化という権田の運動論的視野の存在をみいだしており、示唆を得た。

31 いずれも『権田保之助著作集』第 4 巻に所収されている。なお同書掲載の権田の著書・著作一覧にもこの三点以外は確認されていない。

第2章

学問の形成と視点

　権田は、美術評論活動において「芸術の生活化」の実現を提唱した。そして民衆生活の実態把握に努め「民衆の為めの文化か、民衆の文化か」を問い、彼は民衆娯楽追究をはじめた。その過程であるべき生活像や、よき娯楽像を追究した彼に対して、論の変質を指摘する向きもある。しかし権田にとって、それは当然のことであったと考える。ゆえに権田が娯楽追究の過程で社会教育の問題を主題とした点に注目したい。彼は学問のありかた、知識階級の役割について批判的に捉え直そうとした。

　権田の子息である速雄は、父・保之助が「社会主義思想→マルクス→独逸語」から「哲学（美学）→民衆娯楽」というコースに「変わった」と捉え、次のように分析した。

　「余りにも早く社会主義思想の洗礼を受けたが為に、逆に思想思潮の変化については人一倍鋭敏に反応し、社会主義思想の限界を日本人の国民性に於て痛感し、家族主義的復古主義思想へと傾斜を深めて行ったのではなかろうか。そうなると唯物史観を批判し、マルクス的価値論を卒業し、美の世界に入らなければならない。美の世界とは何か。哲学ではないのか。そこに自分の将来の探求の道が開けるのではないか。かくして父はマルクス主義の学問的研究への道を歩まなかった」[1]。

　なぜ権田はマルクス主義の学問的研究を選択しなかったのか。何をどんな問題意識をもって選択したのか。

　本章では、権田にとって学問とは何か、彼の学問には教育への問題意識が反映されているとして、彼の視点・姿勢を明らかにする。

　①民衆文化論争において権田はどのような位置にあったのか、自身が知識階級であることを自覚しつつ、どのような姿勢を求めたのか。②社会や

教育に対して権田はいかなる批判の目を向けたのか。③自身の学問・追究のあり方・スタンスと関わって概念主義を批判したこと。④それが階級教育批判を彼の中で生み出し、社会教育構想に連なること。⑤学問追究の姿勢としてなぜ権田は社会的事実の追究を主張したのか。⑥民衆娯楽にこだわり社会教育のあり方を問うた権田が提唱した民衆教育について論じる。

第1節　民衆文化論争における位置

　民衆文化論争の背景として、大正デモクラシーは民衆の存在なしでは語れない。国家・社会体制の改造を志向する上で啓蒙や教育の問題を浮き彫りにし、民衆のありようが社会的に問われた。その一例が当時の論壇をにぎわせた民衆芸術論争（1917-1918）である。民衆概念の把握をめぐって所謂知識人の側から提出された [2]。

1. 論争の周辺
民衆芸術論争
　本間久雄による「民衆芸術の意義及価値」（1916）は、次のような疑問を投げかけた。
　「所謂民衆芸術といふことが最近心ある人々の注目を牽くやうになつて来た。一体民衆芸術とはどう云ふ芸術を指すであらうか。特に民衆といふ文字を冠した芸術といふのはどう云ふ芸術であらうか。」[3]
　本間は、この疑問に答えるべく、民衆概念を追究をした。彼は、ロマン・ロラン『民衆劇場論』（1903）、エレン・ケイ「更新的修養論」（1914）、マシュー・アーノルド『教化と無秩序』（1869）等 [4] に示唆を得て民衆芸術を次のように導き出した。
　まず民衆とは、「中流以下、最低級の労働階級のすべての人を含んで」おり、民衆芸術は「労働者のための芸術」である。
　次に民衆芸術の意義を「一般平民乃至労働階級の教化運動の機関乃至様式」に置いた本間は、民衆芸術の形式は民衆のためにあると説いた。した

がってその内容は「所謂『高等文芸』とはちがつて、彼等労働者にもよく
鑑賞され、理解されるほど、通俗的な、普遍的な、非専門的なものでなけ
ればならない」と本間は述べた（同前・3–13頁）。

　これを受けて論議が錯綜した。

　大杉栄「新しき世界の為めの新しき芸術」（1917）は、本間の見解に疑
問を呈した。大杉は、本間の問題提起を「民衆にとつても亦芸術にとつて
も、死ぬか生きるかの大問題」と捉え、民衆と芸術の関係を突き詰めよう
とした。民衆の「ための」芸術なのか、民衆「から出た」芸術なのか、そ
れとも民衆の「所有する」芸術なのかという問いであった。大杉は民衆芸
術における資本階級と労働階級の間に存在する「征服の事実」への理解の
欠如を指摘した[5]。

　この論争は観念的・イデオロギー的な域に止まり、実態に即した民衆像
を捉えきれていない。

民衆文化論争

　権田は論争の経緯を批判的に振り返り、民衆と文化の関係を主題に掲げ
た自身の論文「民衆の文化か、民衆の為めの文化か―文化主義の一考察―」
（1920a）を皮切りに、土田杏村（文化主義）、大山郁夫（民衆文化主義）との
間で民衆文化論争を展開した。

　権田は民衆を文化創造の主体であらしめるに知識階級の存在を否定し
た。三者平行のまま、権田「文化主義より民衆娯楽問題へ」（1921j）の表
現によると「論壇の中心が文化主義から民衆文化主義を経て、民衆娯楽問
題に移つて来た」のである（『民衆娯楽の基調』1922・35頁）。権田が、文化主
義[6]や民衆文化主義[7]ではなく民衆娯楽問題の追究を自身の課題として
選択した意思表明といえる。権田がなぜ民衆娯楽問題を選択したのか、論
争の中で彼が文化主義や民衆文化主義に対しどのような考えをもったのか
次にみていく。

文化主義周辺

　1910年代後半頃社会改造問題が盛んに論じられる中、大正教養主義、

人格主義の傾向に対する批判として登場したブルジョワ哲学の一つが文化主義であり、桑木厳翼、金子筑水、左右田喜一郎、土田杏村等がその主張者であった。

桑木厳翼（1920b）は、文化とは「自然に存在してゐる事物に対して人力を加へる」ことで「目的や理想に向かわしめる」過程であり、ゆえに「文化主義は文化を以て社会生活の最高標準とするもの」と定義した[8]。

金子筑水（1920）は「極端な唯物観に対して、一層高い精神文明の開発を人生の目的と解する」ことを文化主義の第一条件に掲げた[9]。

土田杏村はこの定義を根底に置き彼独自の論を展開した。土田の文化主義は、「自然と文化とを価値の実現に関連して分ち一方に自然主義がある以上他方に文化主義を取るを至当とした」ことにはじまる[10]。土田は「文化主義は、他の理論価値の場合と同様に政治生活、経済生活等すべての文化生活に就き、其れの目的を追求する人格主義として樹立せられねばならぬ」と信じ、「社会主義の真の中核となつたもの」は「我々が常に主張する文化主義の中に含められ」、「自然法則性を基礎とした存在の理論」ではなく、「文化理想の実現に向かつて精進する」理想主義に行き着いた[11]。

それに対し、権田の文化主義批判が展開した。「氏と私とは其の住む世界が全く違ふ」と権田が述べたように（「知識階級と社会事実」1920e・61頁）、その立場は根本的に異なるものであった。

2. 権田の主張

権田の文化主義認識

権田は、文化主義において民衆と文化の関係の捉え方が不十分だと指摘した。彼は、文化主義とはその提唱者である知識階級が文化の名の下に民衆を圧服する、またはブルジョワ文化を民衆に押し売りするものと解釈した。民衆の文化が「民衆其の物から生れ出る」ために知識階級の存在を捉え直さなければならない（「民衆の文化か、民衆の為めの文化か—文化主義の考察—」1920a・31頁）。自身も知識階級であることを自覚し、知識階級は「今日及び過去の社会事実を研究し、其の間の因果関係を整理し得る」存在であると権田は述べる（「知識階級と社会事実」1920e・61頁）。社会事実とは、彼によ

れば「社会経済生活事実」であり、「資本家は利潤を獲、労働者は賃金に生くる」関係に注目した（同前）。

権田における民衆文化主義認識

　民衆と文化の関係をめぐる課題は「民衆の文化か、民衆の為めの文化か」（1920a）に表れた。あらゆる事象に対して「民衆の為に」、「何々の民衆化」が掲げられた点に権田は批判的であった。民衆と文化主義の関係を明確にしなければ、民衆文化主義もブルジョワ哲学の一つとされた文化主義に民衆を付与したものに過ぎない。権田はこの民衆化の意味を問うた。

　民衆文化主義論者であった大山郁夫（1920c）は文化について、時代精神の人間の社会生活の外形に表現されつつあるものと定義し、文化を静的にみれば、時代精神を人間の社会生活の上に表現される形式であり、それを動的にみれば、時代精神を人間の社会生活の上に具現化する人間の努力の過程と解した[12]。大山（1920a；1920b）によれば、時代精神とは、人間の精神生活と物質生活の相互関係から生じたもので、ブルジョワ精神と民衆精神の二つに大別され、民衆精神は、ブルジョワ、プロレタリアの区別のない内容の広いものであり、その社会生活における現れが民衆文化となる。そして大山は民衆精神、ブルジョワ精神に各々の階級意識が「能動的に働いて居る姿」、すなわち「対立関係」を合わせ、人間の精神生活と物質生活の相互関係に基づくと解するゆえに、彼の説く時代精神は、客観的実在性を有すると導き出した[13]。

　一方権田は、大山のように人間の社会生活を物質、精神の二面に分類することに否定的であった。彼は客観的実在性を「人間の社会生活の事実其の物」にあると考えた（「民衆文化主義の展開」1920d・57-58頁）。

民衆文化論争の影響

　吉野作造（1920）は、権田を評して「根が理想主義者であるのに、社会改造の問題を論ずる」と「理想を罵り、価値を軽蔑するやうな議論を吐く」者が多数ある中で「最も下品」な論者と述べた[14]。これに対して権田は、彼の持論の軸は「現在」日本の社会事実にあるために、「文化と云ふやう

な概念、理想と云ふやうな夢で今日以後の社会事実を指導しやうなぞと云ふ事の大間違であることを信ずる」（「吉野博士の所論に酬ゆ」1920f・24頁）と述べた。

権田は、吉野が階級闘争を「最も根本的な目的を達する為めに必らず経なければならない第一の関門である」としながらも、それは「当分の所必要」に過ぎず、最終の理想ではないため、重きを置かず、人生をいかに観るか、理想の現実性を認めるかを追究した点（吉野・前掲・116頁）を問題視した。吉野は「理想はそれが民衆によつて解放せられるが故の理想ではなく、何人が之を解放するときは全く無関係の理想なるが故に理想である」という土田の言[15]に理想主義の立場をみた（吉野・同前）。したがって社会事実、社会経済生活の事実を直視する権田はこれらの論争の背景にあった階級問題と対峙する際に、文化主義者をはじめとする概念的、抽象的理想論ではなく、社会事実をもって民衆の存在を明確に認識する必要性を強調したのである。

階級闘争、社会改造をいかに把握するのかは権田には重要な課題であり、民衆文化論争における彼の主題「民衆の文化か、民衆の為めの文化か」に連なる。権田は、階級闘争を「被掠奪階級の掠奪階級に対する反抗運動」とみた（「民衆文化主義の展開」1920d・53-54頁）。この視点を持たないものは目標が明確ではなく、その意義をみいだせないと権田は解した。

権田は、文化主義提唱者（この場合は土田）に対して次の二点を問うた（「社会改造と文化主義」1920b・50-51頁）。

「(1) 労働運動に理想を与え得るものであるか。事実としての労働運動は卿等によつて提唱せらるゝ如き理想によりて、初めて動き出す程呑気のものであらうか。」

「(2) 卿等の言の如くんば、労働運動によらずとも、否な寧ろ労働運動によらずして、社会改造は行はれ得るのではあるまいか。然るに何故に卿等は労働運動に『文化』てふ概念を絡ませんとするのであるか」。

権田は労働運動を組織した民衆の力に関心を寄せた。

土田、大山、権田を中心に展開された民衆文化論争について、本節では権田の主張を軸に概観した。彼は、知識階級の課題は社会事実を通して民

衆文化創造、民衆の主体形成に関わる問題の追究にあるとして、社会事実としての民衆娯楽問題と向き合うことになったのである。

第2節　批判の姿勢

1. 社会主義観

宇野弘蔵による権田回想

　権田の娯楽論にはその「社会」観が反映されている。この点に関して、宇野弘蔵による権田回想が示唆的である。宇野は権田が東京帝国大学助手時代にドイツ語経済書講読を担当した当時の学生の一人であった。宇野『資本論五十年（上）』（1970）より引用する。

　①「ちょっと異常に早熟な人でね。中学生のときから『平民新聞』を配ったりしているんです。社会主義思想をもっていた早稲田中学の学生で…」(115頁)

　②「あまりに早く社会主義を知って、その頃はもう回顧的になって、モリスとか、そういうものに興味をもっていたようだった。だいたい権田さんというのは大学の美学を出たのです。」(116頁)

　③「〔当時活動写真は一般に〕着目されてないし、芝居からみればずうっと低級なものでしょう。〔中略〕いわゆる芸術映画なんかではない。〔中略〕すべて文化は下層の大衆から出て上層へ上がってゆくものだから民衆こそ文化の創造者だというわけだ。それが権田さんの民衆娯楽論になっている。そしてまた一種の社会主義論にも通じるんです。民衆の中から出るそういうものを社会主義的に生かそうというのがあの人の主張でしょうね。ぼくは大学三年のころ『美術工芸論』とかいう特殊講義をするのを聞いたが、それも美術工芸を社会生活の中に生かしたいという主張だった。〔中略〕生活を美術工芸化するとかいうようなことも、やっぱり社会主義にならないとできないという意味だ、そういう主張ですよ。」(117頁)

　④「現在は民衆と関係のない高級な芸術も、すべて民衆の中から出て来たものだというのが権田さんの持論であった。〔中略〕『美術工芸論』―これが当時の権田さんの社会主義論なのである―」[16]

⑤「私達が、少しばかりの外国の本などを読んで抽象的な議論をしていると、いつも研究というものはそういうものではない、ゴミ溜めのような社会の中から探し出してこそ研究だという主張を繰り返されたものである。」[17]

宇野の指摘⑤は、権田が「社会事実に対する『思想』の無能を信ずる」ゆえに「社会事実に対する知識階級の絶対的権威を否認するものである」（「知識階級と社会事実」1920e・61頁）と主張したことと合致する。権田の姿勢につながる、彼の思想的基盤とも関わるその社会主義観に宇野は注目したのである。①、②からは、権田の社会主義観の変遷がうかがえる。

権田はいかに社会主義観を形成させたのか。宇野は、権田特有の社会主義観の表れとして③、④を指摘した。それによれば、権田の社会主義観は、ある思想に基づいて現状打破を叫ぶものではなかったと思われる。しかし自身の姿勢としての批判は、権田の論からみいだせる。それは何に向けられていたのか。

権田における社会主義観の芽生え

中学時代に社会主義に触れ、権田の中で社会に対する関心が早い時期から芽生えていたことは先にみた通りである。早稲田中学時代には、非戦論を掲げた平民社に共感して、その社会主義啓蒙活動に権田は一時的に参加した。

権田は早稲田中学時代「大胆直截に非戦論を草し」たが、それは「私淑してゐた秋水」の「借り物」に過ぎなかったと後に回顧した（「安部先生と私」1947・153頁）。彼自身、平民社による現状打破の思想、および運動そのものに共感を覚えながらも、直接行動に走ったり、ある社会思想に基づきながらそれを叫ぶ立場を取ることはなかった。しかし権田に社会的文脈で捉えていく必要性を認識させたのは確かである。

2. モリス理解

日清・日露戦争に勝利した日本は、次第に世界の日本としての存在を意識し、維新以来の文明開化という西欧文明の受容ではなく日本的なるもの

の復権の気運が高まり、時代は復古調を帯びた。1908 年東京外国語学校独逸語学科卒業、東京帝国大学にて哲学（美学）を専攻した過程において、権田は、日本伝統芸術のあり方に注目した。

日本伝統芸術のあり方

　[1]「創作家が刀法の末、古き形式の端に捉へられて、人格の開発、人格の涵養を等閑に附して此の生きつゝある、動きつゝある、眼面の現代精神に不融通なること」（「日本木材彫刻の技巧」1910・15 頁）から、民衆の存在が創作家の視野から欠落して、民衆と芸術の関係が断絶の状態にあることを権田は指摘した。

　[2] 本来「自己生活の世界と、その芸術品の世界」とは「所謂相即不離なるもの」であるゆえに「芸術の世界を自己生活の世界の中に融合して、これを楽しまんとする状態」、すなわち「芸術の生活化」を権田は提唱した（「日本美術に現はれたる装飾的気分」1912・72 頁）。

　[3] 生活そのものを権田は捉え直そうとした。芸術の生活化について、権田は人間を「生きざるべからざるが為めには労働し生産」すると同時に「生くる甲斐あらんが為めに享楽し遊戯するもの」とみて、日常生活における労働および生産と遊戯の関係に着目した（同前・73 頁）。背景には彼がウィリアム・モリスの社会主義に示唆を受けたことがある [18]。

　モリスの社会主義理解から、『美術工芸論』（1921）で権田は次のように述べた。

　「『労働』と『遊戯』とは全く縁を切つて仕舞つた。労働は趣味とは全然無関係・没交渉となり終つた。一刀を加へては楽しみ、一鑿を与へては其の製作の過程を喜んだ時代の面影は失せて、誰れの為めに製作するといふ考、自己の満足の為めに労作するといふ気持は去つて唯だ資本家の営利の為めに労働するといふ状態となつた。」（5-6 頁）

　ここに、権田における社会批判の視点が具体化されている。

　「唯物史観には或る程度までの真理がある。然しながらそれと民族の有する人生観とか、民族観とか（其の様なものを認めるのが間違であるといふならば、それは問題ではないが）との関係に至つては、なほ取り残され

てゐるものがある。」（176頁）

3. 民衆観

権田は民衆の性質について次のように述べた。

「芸術品を、其の背後には豊富なる人間生活てふものを控へしめて、これを楽しむといふ傾があり更らに芸術品を自己の日常生活の延長の中に、否、日常生活其の物の間に楽しまんとする性向がある。」（同前・170頁）

権田は『活動写真の原理及応用』（1914）で、民衆における「日常生活其の物の間に楽しまんとする性向」に注目し、民衆の日常生活を「豊富なる人間生活」にするために、彼等が「享楽する」ことの意味を追究し、「現代の人々が活動写真に深い興味を感じてゐる」という事実をみいだした（8頁）。つまり、同時期に活動写真研究、すなわち民衆娯楽研究を彼ははじめたのである。

権田の民衆娯楽研究

権田は活動写真の現状に満足していたわけではなかった。しかし、識者が一斉にそれを社会問題視する姿勢こそが「活動写真といふものが段々低い方へ低い方へと落ちて行く」（12頁）と権田は捉え、「活動写真の間違つてゐる価値判断」の修正を通して、最終的に新文明の誕生を目指したのである（454頁）。

「新文明の誕生」とは、民衆における文化創造の可能性を権田が民衆娯楽を手がかりにみいだしたことを意味する。権田によれば、民衆が「活動写真に深い興味を寄せてゐる」ことに彼らの享楽がみいだせるのであり、その展開如何によって日常生活は「豊富なる人間生活」になる可能性を持つ。したがって権田の目指した「活動写真の間違つてゐる価値判断」の修正は、そうした可能性をはばむ問題状況に彼が目を向け、民衆の文化創造の自由を抑圧するものを批判することであった。民衆の主体性の問題と知識階級の存在意義への批判が権田の中で形成されたのである。

権田の「民衆」意識、「国民性」追究

権田の「民衆の娯楽生活に現はれたる国民性情」（1921d）には、国民性をめぐる彼の考えが示されている。権田は「一国民には其の国民生活のそもそも抑々の初めから今日に至るまで、ある一定不変の性情が与へられて居り」、これを国民性として「国民生活の根本であり基因である」ものと捉える傾向（32-33頁）にあるが、自身は「『国民生活』が基礎であつて、それによつて所謂国民性が派生される」と解した（33頁）。

国民生活を規定するものは何か。権田は社会的環境、特に社会経済状態の変化と捉えた。この論文は、当初「民衆娯楽より見たる国民性」という課題に応えるものであったのを彼は「民衆の娯楽生活に現はれたる国民性情」に変更した。それは権田が国民性を国民生活から捉えようとしたのと同様に、また民衆娯楽も「国民の娯楽生活」を根底に置くものであること、ゆえに国民性も「国民の娯楽生活」からみいだされると解したからである（35頁）。

権田は「国民の娯楽生活」における基調、国民性を、娯楽という「目的の到達に於て絶大の満足を感ずる目的的行動」ではなく、「目的の到達に於て満足が零になる没目的的行動」の中にみいだそうとした。権田は、日本人の民衆娯楽の代表例としてお花見を、ただ桜の花の咲いた様子をみに行くのではなく、花の下に筵を敷いてお弁当を開き、お酒を飲んで、花によって飾られた天下の春を「お腹の中に入れること」で、「花といふものが意識の域外に沈んで、自分が花と一緒になつて、『花』といふものが無くなつた時」に成立すると捉えた（36頁）。民衆娯楽の成立をこのような解釈をしたゆえに、彼が知識階級の提唱した民衆化に対して批判の目を向けたのである。民衆娯楽の成立を阻害するものに異議申し立てするのが権田の基本的姿勢であった。権田は制度としての教育を支配階級的教育と捉えて疑問視したのである（「支配階級的教育への叛逆」1926b）。

4. 学校教育制度批判

[1] 権田は、学校教育そのものを批判したのではなく、学校万能主義を問うたのである（同前・61頁）。近代日本社会において、教育を「学校中心に立脚せしめ」、かつ「学校万能の域にまでも持つて来て仕舞ふ」必然性

を生み出した「教育主義、教育方針」こそが問題であり、それをもたらした社会過程や社会的事実が批判の俎上に載せられなければならないと彼が認識した（60-61頁）からである。権田はこの「教育主義、教育方針」に対する批判として社会教育、家庭教育、無産階級の解放運動の視点に立つ「教育」認識に注目したのである。

　［2］社会教育や家庭教育の提唱をめぐる論議とその問題点について、権田は次のように捉えた。双方とも、形式面においてはその教育範囲を学校、および家庭にまで拡大することを目指した。しかし、それらがその域に止まり、その内容や意図を捉え直すのでなければ、学校万能主義の教育精神の拡大に過ぎない点（63頁）を権田は問題視したのである。対象とする教育範囲や領域ではなく、「学校教育の補助もしくは延長」ではないという機能、意義を明確にすることが権田には課題であった。

　［3］無産階級の解放運動に関する論議について権田は次のように分析した。権田は、「教育機会均等」や「労働者教育施設実現の要望」を掲げる点は評価したが、その目的を明らかにする必要性を説いた。「何のために」なのか、この意図するところが「学校教育の中へ、在来加へられずして止まつてゐた無産階級者を自由に参加せしめよ」という要望のみでは、教育制度の「改変」に過ぎず、その主義や方針にまで踏み込まなければ、学校教育万能主義に止まると権田は指摘したのである。したがって彼は支配階級に対峙する階級、それ自体の解放を実現させる社会改造が最優先であると考えた（66頁）。

第3節　概念主義への批判

1. 文化主義への批判

　権田の概念主義批判は、文化主義批判として現れた。明治期は文明が文化より主流で、西欧近代の社会制度、それを支える科学・技術・学芸を指し、文明開化が提唱された。日清・日露戦争の勝利、日本資本主義の一応の確立とその発展において、日本の独自性が意識された。物質的体面から

精神的体面への移行であり、文化主義が位置づく。

桑木、左右田による文化主義

　桑木厳翼、左右田喜一郎は、文化を「或る目的に向かつて使用される事柄」であり、理想を伴うという。ゆえに「現実の事柄と対立」するものと捉えられた。文化は、目指すべき方向・目標で、「自然の事実を或一定の規範に照らし之を純化し、究極に於て其の理想とする所を実現せんとする過程」を意味し、その実現には人格が関わる[19]という理解である。また左右田は大正期の流行語の一つであるデモクラシーを文化主義の視点から次のように解した。

　「真正の民主主義は無特権階級のみならず、現在の制度が存続するならば常にみらるべき様の特権階級の凡て、即ち換言すれば一切の人格が文化価値なる規範の実現過程に於て、其の固有の位置を占め得るもの」でなければならず、デモクラシーと文化主義とは本質的に一致し得ない[20]。

　ここでは民衆の文化の存在は危ういものとして認められない。よって、桑木、左右田による文化主義解釈では、個人における内面的かつ観念的世界を刺激するに止まり、社会現実におけるその必然性がみいだせない点が批判された。大山郁夫（1920）は、現実の社会生活が彼等の視野にないのではないかと指摘した（14頁）。

土田杏村による文化主義解釈

　土田杏村の場合、その「根本的の要求は社会建設にあり、其の方法は空想に基づかず現実性に立脚して居る」点[21]をあげ、先の二人の解釈とは異なるものであった。プロレットカルト論に共感した土田は「社会主義とアナキズムの統一としての文化主義」を主張し[22]、その実践の場として「労働しつゝ、其の生涯を悉して学ぶ事の出来る機関」[23]を目指して自由大学運動を展開させた。

　土田の目的は「自律的人格を作る」こと[24]にあり、彼は労働を「生命の創造的表現」[25]と把握した。大山郁夫は、文化主義をめぐり、労働問題に関して「労働者群の物質条件を充実し、その日常生活を安易にすること」

に集中し、「民衆文化生活に関連して考へられて居ない」点を問うた[26]。

労働者の人間形成

桑木や左右田の文化主義から、土田は「社会主義とアナキズムの統一としての文化主義」を、大山は労働者問題における「文化的要素」の追究の必要性を導き出した。権田は、労働と遊戯の断絶に対する疑問、「民衆の文化か、文化の為めの民衆か、文化の民衆か、将た民衆の為めの文化か」の問いに対して考察を重ねた。権田、土田、大山とも、社会現実としての労働問題をみつめ、労働者の人間形成を追究した。

権田は「民衆の文化か、民衆の為めの文化か」（1920a）で次のように解釈した。

労働者が無教育であるなら真の教育が必要だろう。労働者達の地位向上のために「現代の教育を否認する」ことと、「一般に教育といふものを否認する」ことは異なる。真の教育は「一般民衆生活のために絶対的に必要」である（28-29頁）。

権田の考える教育のあり方

権田はさらに次の点を問うた。

[1] 真の教育とは、労働者が無教育であるとされる場合の教育とどう違うものなのであろうか。そもそも違い得るのだろうか。

[2] 真の教育とは「現代の誤れる教育に非ざる」ことが期待される。「民衆がさう云つた教育を自ら体得したり、之を他に与ふることが出来ない」とされる中で、いかに現実化されるのか。

権田は、その役割を担うのは知識階級になると考えた。しかし彼らが「社会改造の理想を教へ、改造の原理を説い」た結果、「民衆が創造すべき筈の新文化」が導き出されて、民衆文化創造が現実のものになるのは、知識階級に構想されたもので「民衆其の物の間から生れ出」たものではないと権田はいう（29-30頁）。

民衆に文化創造の可能性をみいだし提唱される、労働者に対する「真の教育」如何では知識階級が「『民衆の為めの文化』を構想して遣る」こと

に他ならない。教育が労働者にとって現実的なものであるか。そうでなければ、概念に過ぎない。

2. 知識階級への批判

　権田は自身も知識階級であることを認めた上で（「知識階級と社会事実」1920e・61頁）、知識階級批判を展開した。近代日本における学問構造に対する疑問を基に、主知主義にも向けられた。

　権田が知識階級の問題を指摘するのは、「知識階級が意見を立てた為めに、民衆娯楽の実際と其の重要さとが生じた訳ではな」く、「社会事実としての民衆娯楽が実際的勢力を社会民衆生活の上に実現して来た其の事の為めに、論者がこれに動かされて民衆娯楽問題を取り扱ふ様になつた」という点であった（「民衆娯楽の純化」1922f・59-60頁）。「新しき民衆娯楽創造の気運」（1922c）では、民衆が生活に根ざした民衆娯楽を要求し、作り出すのは民衆自身であると主張した（『民衆娯楽の基調』1922・69頁）。

知識階級と社会改造の関係

　知識階級である権田が民衆娯楽を論じたのはなぜか。

　権田は、「プロレタリアの専制的傾向に対するインテリゲンツイアの偽らざる感想」（『中央公論』1921年9月）を読んだ感想として「インテリゲンチアの悲鳴と狐疑と幻滅」（1921i）を発表した。彼は社会改造とインテリゲンチアの関係について、次のように述べた。

　「欧州戦争後直ちに『社会改造』といふ叫びが上げられた。此の野叫びを聞くと先づ驚愕したものは資本家階級及び特権階級であつた。そして其の叫び声を先づ以て得意になつて高調したものは、所謂知識階級と称せらるゝ部類に属する人々であつた。」（33頁）

　「改造運動はインテリゲンチアの故に起つたものでもなくインテリゲンチアの御蔭で生じたものでもない。それは其れ自身に於て生起すべき原因があるのである。」（40頁）

　論文の表題から、知識階級が「プロレタリアの専制的傾向」を問題にしたことに、権田が驚いたことがうかがえる。「所謂プロレタリアートの専制

的傾向に対するインテリゲンチアの感想」として、「一番堪へ得られない
のは、趣味の低下」という指摘に権田は注目した（47頁）。

この場合の趣味について、権田は、「時代があつて其処に趣味が生じた」
ことや「其等の趣味や俗悪な活動写真は、今日の民衆が要求し、今日の資
本家が提供した」ことを指摘する。つまり「今日の資本主義的経済組織の
下に住む民衆と、資本家とが作り出した」ゆえに、趣味が俗悪であるなら
ば、それほど「今日の資本的経済生活が行き詰つて」いるという捉え方で
ある（48頁）。

知識階級の曖昧さ

資本家階級と無産者階級は経済生活における利害関係の対立に存在する
が、知識階級はどのような位置にあるのか、彼等の存在意義を権田は問う
た。知識にそれほど比重を傾けてよいものなのか。

権田は、知識階級は「社会生活に於てブルジヨワに属してゐるか、或は
プロレタリアと利害関係を同一にするかを見極めなくてはならぬ」と説い
た（同前・49頁）。元来、知識階級は資本家階級や労働者階級と関わりなが
ら登場した。文字通り、知識を有する階級であるが、社会改造をめぐる階
級闘争において、いずれの階級に加担するのかによって、その社会的存在
意義が決められる。ゆえに、その存在は曖昧である。知識は不変の真理で
はあり得ず、階級的要求と無関係ではいられないと権田は捉えたのである。

学問構造の捉え直しの必要

権田の知識階級批判には、彼の考える学問の意味内容が表れた。同時に
彼に民衆に対する教育の重要性を考えさせる契機になった。権田には、支
配階級的教育主義への否定的見解や「民衆は、其の中に『新しき民衆娯楽
へ』といふ気運と運動とを蔵し居る」という理解（「新しき民衆娯楽創造の気運」
1922c・75頁）があった。一般にみられた趣味の「低下」の指摘に対しても「問
題は資本主義的経済組織にあるので、民衆にはありはしない」（「インテリゲ
ンチアの悲鳴と狐疑と幻滅」1921i・48頁）という肯定的な民衆観を彼は示した。

権田が知識階級の存在を問うたのは、民衆が社会改造のダイナミズムに

なり得ると認識したからである。また彼は社会事実、社会経済生活を直視した。権田は知識と生活が二分された学問構造の捉え直しから、学校を批判の俎上に載せた。

第4節　学校万能主義への批判

1. 知識偏重教育の批判

　権田は学校の存在そのものを否定しないが、背景にある学校万能主義、支配階級的教育主義を批判した。彼の学校批判は、概念主義、学問構造に対する批判を根底に展開され、階級教育批判を伴う。

　権田が批判する学校万能主義に対峙し得る一例として、彼は児童芸術運動を指摘し、評価した。大正デモクラシーのもとに、子どもの自由や個性の尊重を重視する立場から彼らの解放を目指した児童中心主義教育の流れを汲むものである。

　権田は「支配階級的教育への叛逆」（1926b）で児童芸術運動を「在来の概念的知識教育に対する反抗」と捉えた（69頁）。権田によれば、社会における「芸術家によつて提唱された児童芸術の主張と運動」が、学校における「図画、唱歌、手工の如き科目の新しく若い教員によつて手を着け初められた芸術教育的運動」を喚起し、「次いで家庭及び社会に反響し、再び学校の問題となつては此処に学校に於ける全科の関係する所となつて、遂には学校に於ける教育主義改変の波紋を起す石」になり得たのである（同前）。「学校に於ける教育主義」とは、彼によれば、「多量の知識で装はれた児童」を「新らしい事実が後から後へと生じて重なつて行く」世の中に送ることを意味した。

　そして権田は学校教育の「箴言」として次の点を指摘した。

　「兎に角、知識さへ与へて置けば、知識さへ豊富になつてゐさへすれば、感情の陶冶とか、意志の鍛錬とかは、寧ろ被教育者自身の心掛に任せて置けばどうにか成る、感情や意志は個人の問題であるが、知識は之を一般共通的に授けることが出来る」（70頁）。

権田は学校万能主義を概念的教育、すなわち知識偏重の教育と捉え、最大の問題として把握した。彼の中で、学校は「知識の概念的に与ふる場所」、教育者は「知識の概念的伝達の機関」と化した。その原因として、権田は「明治維新直後の社会状態」を指摘した（71頁）。学制の公布に伴い、教育面においても中央集権制の確立が急務の課題であった。「あらゆる具象的内容を捨象し、凡ての特殊的経験を除去し、一切の個性的特異性を減却した概念の上に築き上げられた知的教育」がそれに適合するとみなされたゆえに、支配階級的教育主義に連なった。

そうした経緯は、一般にとって「自己の生活を離れ、自己の実際経験を絶した所に『教育』が成立し得る」こと、および「個性を離れ特殊的経験を超越した『概念』の上にのみ、成立し得る」ことを意味したのである（73頁）。

児童芸術運動

権田は学校万能主義や支配階級主義教育に対する批判を展開し、児童芸術運動に意義をみいだした。彼の学校教育観、教育観は次のように表された。

[1] 被教育者である民衆の個性を尊重する教育とは、その生活を尊重することである。この場合の生活は、彼等の「各々の心の中に光つてゐる『生命』」を指す。

[2] 何れの知識も被教育者の情意に通じ、その生活に響いてこそ、真の価値ある知識になる。

権田は、「凡べてのものを知的認識の対象と化し、之を概念の形式に於て頭の中に填め込んだ在来の教育方針」に対して、「あらゆる物を情意活動の範囲に持ち来し、之に個性の内容を盛つて生命の糧たらしめやう」とする児童芸術運動が、「教育上の一種の中央集権制に対する反抗」たり得るとみたのである。

2. 社会教育と学校教育

では制度としての社会教育が学校教育の補完、補助機関と位置づく中で、

権田が学校万能主義批判に基づき、社会教育をいかに捉えたのか、彼の「社会教育に関する一考察」（1922g）を手がかりにみていきたい。

権田は、第一次大戦後、様々な術語が現れながらも定着することが少なかった中で、「『社会教育』の問題化は状況を異にする」と述べた（225頁）。彼は、それが「現実の社会生活が実際に要求して、事実として己に生み出してゐるものを取扱はんとする」ゆえに、「現在は正に斯くの如くでなければならぬてふ切実な問題」である点をその理由と捉えた。そして「現代の社会生活が其の当然の要求として社会教育なるものを目指し、其の要求の結果として社会教育なるものを生み出した」現象を指摘した（226頁）。

画一化・単一化

権田は、時の文部大臣・中橋徳五郎が就任の際に「教育の民衆化」を掲げたことに端を発して、社会教育が「何時の間にか、それが確定した一つの術語となつて」いたことを「社会教育といふことの歴史からは忘れることの出来ない出来事」とみた。

それについて、「今日の社会状態が基礎となつて、学校教育が盛んになつたと同時に、社会教育が一問題となつた」と権田は解釈する（233頁）。権田によれば、「今日の新しい社会経済状態」が前近代的職業教育、すなわち「丁稚や弟子の年期奉公の期間には、一面に於て知的教育を受くると同時に、其の職業生活に付随した情意教育をも享けて」いたものから、「職業に顧慮しないところの一般的画一的の知的教育」に変化させ、それが学校教育の基礎になった。

権田は、資本主義社会体制に伴うブルジョワ対プロレタリアという「単一化され来つた社会生活」が生み出され、その中で多数を占める単一化された民衆の情意を基礎とした社会教育が、一問題たらしめられたと解した。学校教育、社会教育ともに、社会経済が生み出したもので、画一化、単一化に直面した。権田は「学校教育が盛んになつたと云ふことが社会教育を一問題たらしめた」と解した（234-235頁）。彼は学校教育の延長に社会教育があるとみたのである。

階級教育と民衆娯楽

　権田は、社会教育を直接主題に掲げた論文はさほど著していない。その著『民衆娯楽の基調』（1922）の序において、「何処までも『事実としての民衆娯楽』を突き詰めて、其処に始めて政策を樹てねばならぬ」と述べたこと（序 2–3 頁）が彼の社会教育観につながる。「何かのため」という自目的としての民衆娯楽の追究に彼の基本姿勢が示された。権田は、ディレッタントとして娯楽に関心を寄せたのではなかった。階級教育批判を根底に、民衆の情意を基礎とした社会教育を権田は構想した。

　近代教育（制度としての学校教育や社会教育）の登場が、従来からの教育（彼等の生活に根ざしているもの）にいかに影響をおよぼしたのか。

　権田は、階級教育（近代教育）と民衆娯楽（近代の産物、彼等の生活事実）とを対比させ、教育の改革の方向をみいだそうとした。一例として、全国社会教育主事会議における彼の講演「民衆娯楽殊に活動写真に就て」（1922e）をあげておく。

労働と娯楽

　それによると、人間生活における二大要素とは、労働と遊戯である。前者はそれに基づいて他の目的を達成させたものであり、後者は「直接目的の行為」である。一般に労働は真面目かつ真剣なものとして、一方で遊戯は不真面目かつ人生に「縁の無いもの」として捉えられる傾向にあるが、双方ともその本来の価値に差異は生じないと権田は解した。

　ゆえに彼は、遊戯における「人間生活を美化せんとする欲望」が人間の本能に基づくとして、その直接目的性に注目した（37 頁）。この遊戯本能の発現を娯楽と捉えたのである。

　民衆生活において語られる娯楽は労働とは切り離せない。権田自身、「兎に角人間は生きる為めには働かなくてはならぬ、併し働いた後には必ず休養の必要がある」という。休養は「苦を忘れ自己を創造しリコンストラクトし次に働く為めの英気を養はんが為めのもの」であり「出来る丈此の与へられた時間を利用して価値あるものとしなければならない」という現実を彼は認める（38 頁）。

娯楽は結果として「次に働く為めの英気を養はんが為めのもの」になるが、権田からすれば、それだけではない。金と暇に乏しい民衆が、産業の機械化がもたらした仕事の単純化や無趣味化に直面し、その結果疲労に苛まれる日々において、いかに自己を取り戻すのかという点から娯楽を捉えたのである。

民衆娯楽と社会教育

娯楽の民衆生活における価値を認める以上、それが「社会教育上如何なる位置にあるか」、「如何なる使命を有するか」について、教育との関係から追究する必要を権田は指摘した（同前・38頁）。

権田は、社会教育の独自性として、①学校教育が系統的であるのに対して系統的でない点、②学校教育の対象が「国民生活を知らない国民」であるのに対して「酸いも甘いも嘗め尽した日々混雑した生活をして居る国民」である点、③学校教育の目的が「義務教育に依つて善良な国民を造る事」であるのに対して「国民の現役を指導して居る」点、④学校教育が「智的概念的」であるのに対して「情意的」である点を指摘した（同前）。

権田は「智識や概念は日常平穏無事の時にこそ役に立つてもイザ人生の荒波に打つ付かつた場合には余り効果の無いもの」で却つて「役に立つものは講談や芝居で腹の底迄滲み亘つた精神」である（39頁）と考えた。社会教育の「強み」として「常識教育、情意教育、実際教育」としての機能をみいだしたからである（同前）。ゆえに、「民衆娯楽は此の社会教育に対して一つの大なる要目となつて居る」と彼は解した（同前）。

3. 都会と地方の民衆娯楽

都会民衆娯楽の特徴として、①「職業上の相違が多い為めにお互ひの生活の間に諒解がなく各個人の生活気分が著しく異つて居る」こと、②「多くの人が同じ様な気分で一緒になつてユツクリ同じ様な娯楽を求める事が出来ない」ゆえに、「各個人は相異つた休養時間に各自自己の欲する娯楽を求める事となる」こと、③「自己一人にて求め得るものは至つて稀れである」こと、④「職業的娯楽供給者の出現」による娯楽の「常設の興業場」

の発達を権田は指摘した。

地方民衆娯楽の特徴として、「生活は定住的で職業も大体に於て〔中略〕相異がなく〔中略〕休養の時間も〔中略〕一致して居り〔中略〕娯楽を求める場合には盆踊、村芝居、草相撲の如く他に娯楽の供給者を求めず、自分自身で娯楽をやる、自分で行らない迄も行る者と同じ気分で見て居る」ゆえに、「職業的の娯楽供給者の出来る必要」がさほどないと権田はみた（同前・39頁）。

この中で権田は特に都会娯楽の特徴から、活動写真に注目したのである。

活動写真と社会教育

活動写真に関する政策の変遷について、①「活動写真の如きは女子供の玩弄物で社会的に何等勢力があるものでない」とされた無政策期、②それが「非常に大なる社会的勢力を得て来」たことから生じた「学校とか教育団体が日を限つて活動写真を観せ、普通の興行の写真は見てはならぬ」と定めたこと、「興行者を説得して興行者が低級主義を棄てて飜然大悟し、児童本位の活動写真をやらせよう」したこと、「活動写真を市営又は国営にしよう」等理想的政策論を経て、③「現在の状態に根底を据えて活動写真を民衆娯楽として完全に発達させ、社会教育の為め建設的積極的政策を樹立する必要」を認めた積極政策の段階に到達したと彼はたどった（同前・40-41頁）。

権田が指摘する問題点は、①「活動写真は其の内容の上から見物に非常な悪影響を及ぼす」点のみが強調されること、②「フイルムの内容さへ改良すれば活動問題は解決するものであつて、改良の唯一の方法は検閲を厳重にする事にある」とされることである。

すなわち、「検閲者たる警視庁は国民教育の機関でもなければ社会教育の機関でもない、只国民の善良なる風俗習慣を維持する上に於て此れ丈けの範囲ならば差し支へ無しといふ消極的の標準を示す」に止まることから「社会教育上貢献する所もない」とみなした権田は、その打開策として、①「現在の営業主義のフイルムを選抜推薦する」こと、②「吾々教育者が自ら優良なる映画を作成する」ことを提示した（42-43頁）。

権田は、①から、一般民衆が主体的に選択することで「善悪の批判力」

が形成され、「智識」が自らに引きつけられたものになることを、②から、「各種教育上に利用さるべき優良なる映画を作成して娯楽の間に教育の目的を達する事」(43頁)、つまり直感に訴えることで教育をより効果的にすることを導き出した。

権田は社会教育の要目である民衆娯楽に「常識教育、情意教育、実際教育」の機能をみいだした。制度としての学校教育にはそれらが捨象されていると彼はみた。

階級教育主義を根底に置く学校万能論は改められなければならない。「常識、情意、実際」を得る一機会として民衆娯楽を捉え、その提供が公教育の役割だと権田は考えた。教育における理想主義論と民衆の実態(彼らの要求・感情等)との間にズレを彼はみた。権田は、学校万能主義批判に基づいて安易な理想論に走るのではなく、現実に根ざした政策を求め「社会的事実」追究の必要性を認識したのである。

第5節　社会的事実追究の姿勢

1. 民衆娯楽の諸相

民衆娯楽を手がかりに近代教育の改革の方向をみいだそうとした権田は、一部の専門家(知識階級、政策側)に委ねることで解決されるものではないと考えた。

権田の「民衆娯楽」(1923a)に注目し、どのような世相をみたのかについて、次にたどる。

民衆不在の民衆誤楽

権田は「反動の世界」について、1922年の暮れにかけて大阪千日前の芦辺劇場(所謂芝居小屋)が西洋映画専門の常設館に、東京浅草キネマ倶楽部が新旧両派を主とする日本映画中心の常設館に、それぞれ変わったことに注目した。これについて、彼は「映画趣味が発達したから映画興行の方向が急進し、映画が堕落したから映画興行が退化する」というみかたの実

例とは捉えない。「今日の興行者を支配し彼等の行為を決定する最後の条件は『金が儲かる』」という点にあると権田は考えたのである。「何時でもお目出度い役廻りになるのは、『民衆』である」、民衆、興行者ともに「万才」である、ただし「万才」の内容は異なる、と彼は指摘した（74頁）。民衆娯楽の動向に関与する主体は興行者で民衆はそれに従い楽しんでいるのに過ぎない。民衆が「お目出度い」存在にされ、「民衆娯楽」が反動的傾向にとらわれた民衆不在の民衆誤楽（72頁）に成り下がると権田は危惧したのである。

民衆音楽の発祥

　権田は「現代の日本人は音楽を所有しない国民」であり、「殊に今の日本の民衆は自分で作った音楽を所有していない」ことを問題視して、民衆音楽の発祥について論じた。元来、「日本の民衆は民衆音楽と云うものを所有して、新内に泣かされたり、清元に意気がられたり、常磐津に気を遣ったりしていた」が、今日の我々はこれらを楽しむには「余りに其の生活状態を変化させられて仕舞った」と権田は述べる（同前・74-75頁）。

　問題は西洋音楽の輸入にあるが、その起源も宮廷や貴族、音楽教授ではなく民衆にみいだせることから、西洋音楽そのものにではなく、「洋楽の民衆化」に権田は疑問を投げかけた。したがって民衆音楽に西洋音楽が必要不可欠ではないにせよ、民衆の間に「洋楽趣味の普及」が了解されることは、民衆音楽の「大成」の要件になると権田は捉えた（75頁）。しかし「貴族のなにがしとか、学者のたれがしとかが率先して民衆音楽の製造に熱心」な結果、音楽学校、青年会館、徳川何爵閣下等による民衆演奏会で「洋楽の民衆化」に代えようとする動向を権田は疑問視し、「今日現に、何千何万の民衆の前に、毎日毎晩提供されている活動写真館の二十分間の間奏楽」を対峙させた（同前）。

　彼によれば、民衆が魅せられている事実は民衆音楽の「誕生」において捨象できない。また「浅草の活動写真常設館に勤めている楽手の約半数が、軍楽隊出身者である」ことを彼は加えた（76頁）。軍楽隊が民衆の西洋音楽普及に貢献したという点からは興味深い。双方とも一見すると対極的な位

置関係にあるが、ともに民衆音楽を構成したといえる。

労働・遊戯

「遊戯の労働化」について権田は同じく「民衆娯楽」（1923a）で言及した。「労働することを一切封じられて遊戯にばかり住まなくてはならなくなると、人間という者は其の遊戯なり娯楽なりを、遊戯のまま、娯楽のままでは味わっていることが出来なくなるらしい」と権田は捉えた（79頁）。これは彼が『美術工芸論』（1921）において注目した「労働の遊戯化」、「労働の芸術化」とは異なる。

　権田は『美術工芸論』で、モリスが提唱した「芸術の使命は人間の労働を幸福ならしめ、其の間暇を有効ならしむるにある」点を労働享楽主義と名づけ、「『労働』と『遊戯』とは全く縁を切つて仕舞つた」ことを問題視した（16-24頁）。しかし「民衆娯楽」（1923a）では、それとは別の現象が事実として存在することに彼は注目した。例えば、「人間の古くからの娯楽の一種になっている」入浴について、「階級の差別の下に住んでいる今日の人間は、日に一度、二日に一度、銭湯に出かけて、西方十万億土の彼方にある極楽の片鱗を味わい、発散し尽くそうとしている人間性を〔中略〕呼び戻している」が、そうでない立場の者にとっては「『ああ、又湯に入って来なくちゃならないかなー』〔中略〕『後が楽になる』様に、玉の汗を流して湯に入る」状況を権田はみいだした（79頁）。権田は、入浴を「親から貰った儘の赤裸々の姿で味わう娯楽」であり、それを味わうにも「『通』だとか、『意気』だとかいう面倒な鑑賞上の態度が全然不必要」で「平等相に立って、所謂人間性を其儘に飛び出させて味わうことの出来る極地である」と捉えた（78頁）。

　権田は、「此の世の中に『労働』が無くならない限り、そして『遊戯』がなくならない限り『労働の遊戯化』は始終『遊戯の労働化』と鼬ごっこをしていなくてはならない」と述べる（80頁）。もちろん労働も遊戯もなくなるはずはない。概念化し括り得るものではないことを彼は指摘した。労働、遊戯とも、民衆が「労働の遊戯化」もしくは「遊戯の労働化」を決定するのである。

民衆娯楽本来の姿

　活動写真の「革新聯盟」と民衆の関係を権田は考察した。権田は「活動写真革新聯盟」の趣旨を次のように説明した。「黎明期を了ろうとする本邦映画界の為めに〔中略〕大いに革新と新生の機運を作ろうではありませんか。世界的映画、世界的名優の現わるると否とは映画を観賞する人々の態度如何にあること多大でありますから、批評と指導を権威あらしめたい」という点にあった。発起人には映画関係者以外に「当代の名士を網羅」し、権田も加わった（「民衆娯楽」1923a・80 頁）。

　彼は「『民衆』と云うものを棚の上に忘れて自分等ばかりが映画鑑賞者であると考える」ことで、少数の限られたディレッタントによる「『権威ある批評と指導』とが生れて来ると考える」点を問うた（81 頁）。民衆娯楽の本来の姿が失われてしまうのではないか。

2. 権田の世相観

　権田の「思ひ出すままに」（1922a, b, d）から、所論を摘要する。

文化・社会政策

　「地獄の沙汰も金次第―政友会の革新と新内閣の施政方針―」では、原敬殉職後の高橋是清内閣が示した方針のうち、特に「軍備縮小協定成立後に於ける文化的施設」が「重大なる問題」とされた点、つまり「社会政策其他時勢に順応すべき新施設を起して大に文化的方面に努力せんとする」とした点に注目した（1922a・274 頁）。

　「文化的施設」について、「一寸新しいこと」であるが「其れがどんなものであるか、具体的に列べて置いて呉れないから分明しないが、甚だ六ヶ敷い内容を持つて、面倒な能書が附いてあるものであるに相違あるまい」と権田はみた（同前）。ゆえに、「『文化』とか『社会政策』とか云ふ事には余り好意を持つて居なかつた政府が、今度は高飛車に、夫等を持ち出して、地方遊説の看板にしやうとするに至つた位、世の中は進歩（ママ?）した」が「そんな事で無精に喜ぶものは馬鹿の骨頂であ」ると権田は批判した（274,275 頁）。

遊ぶ、余暇を楽しむ

　権田は、「錦衣の餓死者―富豪の庭園開放―」では、富豪によるその庭園や邸宅の寄付や開放について「甚だ美しい事ではあるが、夫れ丈けで今日の面倒な問題が片付くとは楽観し得られない」と述べる（277頁）。

　東京にはかなりの公園が整備されたが、「今日の民衆、今日の労働者階級がどれ丈け之を利用してゐるかを見て来ると心細くならざるを得ない」という（同前）。つまり「今日の労働者は晴れた日曜日の半日を家族打ち連れて公園に遊ぶといふ様な呑気な生活の余裕と、時間の余裕と、それから呑気な情調とが恵まれて居ない」とみた。彼等に「趣味性」が欠けているのではなく「夫を味ふ丈けの余裕が無い為め」であり（同前）、ゆえに、問題は「其の寄付されたり開放された庭園を本当に楽しむことが出来る様な民衆を作り出す方法を考へ」ることにあると権田は主張した（278頁）。

「民衆本位」「国民の要望」の意味するもの

　普選の根拠であった「民衆の為めに」や「国民の要望」がどれだけ実効性を持ち得ているのか。権田は、「指導か被導か何か―議会を中心として―」で、政友会総裁・高橋是清が「経済文化其他国勢の全般を比較すれば迚ても彼の先進国に及ばないから、『愈々教育の改善文化の向上』等に必要なる諸般の施設に向つて全力を注がねばならぬ」と演説した点について、「『民衆の為めに』考へて遣らう」というと、「大そう民衆本位の政策のやうに聞える」が、実際は高橋が「政策を選挙民に明かにして其諒解を得るに努め且選挙区民との交情を厚くする」と捉えたのである（1922b・325-326頁）。

　普通選挙の実施に向けて、「時世の進運と国民の要望を鑑み」ると憲政会等で主張された点から、権田は、彼等が普選実施の根拠とする国民の要望について「国民即ち此の場合に於いては民衆にはもつと正確に云へばプロレタリアが今日に於て果してどれだけの期待を普選に置いてゐるか」を問うた（326頁）。

　「国民の要望」が国民から離れて概念が政党の政略に利用され一人歩きをしているのではないか。議会と民衆は実態として存在しているのかとい

う問いであった。

青年へのまなざし

　権田は、「親の心を知らぬ鬼子―小八幡青年団解散―」として、同青年団が「吾人は所謂お上の御用の為めに存在せず」と宣言して解散した「一小事件」を、「政府―県当局者―富豪―青年―民衆と云ふものが入り乱れて作り出してゐる現代社会の大きな現象の一部分」と捉えた（327頁）。世間の不条理に対して、無鉄砲かつ純情とされる青年がどのような行動に出るのか。それを「新思想の悪傾向」ということで済まされるものなのか。「青年」の特徴について、権田は「時代は絶えず移り変つて、しかも時代の雰囲気に応じて可変する可能性」をもつ「新しい」という語で言い表した（326頁）。

民衆と民衆娯楽との関係

　「本末の弁―講談奨励会―」では、「大いに古来の国民道徳を説き仁義忠孝を教へた講談を旺んに」することで「民心の帰嚮統一、社会思想動揺の防遇」を主目的に組織された「講談奨励会」が在郷軍人会、青年団、各工場に巡回活動を展開した点について、この時点の「講談の衰勢」という事実に注目した（331頁）。

　権田によれば、「講談その物が堕落した結果ではなくて、講談を聞きに来て居た民衆の思想が変化した」ことに基づく（332頁）。権田は、「実際は民衆の思想や感情が講談、落語、芝居、活動写真を歓迎したり排斥したりする」と捉えるが、「現代の生活事実から派生した思想感情を抱いてゐる民衆が、もし始めから此の講談を自分等の思想感情と甚しく懸離があるものであると発見したならば」、それを歓迎するかと疑問視した（同前）。講談ではなく「現在の民衆の間に動きつゝある思想感情」である。

文化創造と民衆

　権田は、「現代文化の縮図―平和博覧会―」において、博覧会の目的が「『好奇』でも、『誇示』でも無く」、観衆の側から陳列者の側に主眼が移り、営

利下にある点を問題視した（1922d・142頁）。

　博覧会の経営のありようから現代文化の縮図をみいだせる。産業における文化創造の可能性を彼は否定していない。民衆の好奇心が営利のもとに否定される点を彼は危惧したのである。

第6節　民衆教育構想

1. 民衆教育論
趣味教育の問題
　当時の日本経済に対して、権田は「国民の経済生活向上して、国民の富が増殖し、其の富の分配が平衡を失することの甚しい場合には、所謂『成金趣味』なるものを生ずる」状況が当てはまると述べた（「思ひ出すままに」1922d・141頁）。彼によれば、「成金趣味」とは「徒らなる粉飾と、盲目なる伝統の模倣」から虚偽と堕落を生じさせるゆえに、「生活を美化する」という本領を発揮することは不可能であり、国民経済上の損失、社会風教上の悪影響および国民の経済能力の削減をもたらし、国民の「元気」が損なわれる（143頁）。これに対して、国民一般に健全なる趣味、実際生活の美化を目標とする趣味を国民に生じさせる趣味教育が提唱された。

　権田は、趣味の問題を通して、民衆が生活の問題を捉え直し、実生活を豊かにする意味で「生活の美化」を実行するには、既成文化への妥協ではなく「新しき伝統なき趣味」の創造が必要不可欠だとみた。「民衆の手に民衆の間より生まれ出なくてはならぬ」ととする彼の民衆教育が構想された。

　権田は、通俗教育運動に当初は期待を寄せたが、「学校教育の理論」や学校教育主義に立脚したゆえに、失望した（「民衆教育の根拠と其向上」1919・41-42頁）。彼が問題視した1911年設置の通俗教育調査委員会は当時の文部大臣、小松原英太郎の通俗教育観の影響を受けたものである[27]。

小松原英太郎の通俗教育観

小松原は、社会教育の事業として「(1) 積極的方面・通俗講談会、通俗図書館、通俗博物館の設置、劇場寄席の改良等、(2) 消極的方面・未成年者の飲酒喫煙の禁止、各種の矯風会等の事業」の二方面をあげた [28]。これに基づいて、彼は地方の諸団体に対して「教育普及に対する目下の急務は、社会教育普及の改善」にあるとして「通俗講演会、教育幻灯会、巡回講話等」を奨励した [29]。

1911 年 1 月の衆議院予算委員会において、小松原は「国民の思想を健全に発達せしむる」ことが「文部の任」であり、方策として「一般国民をして、教育勅語の主旨を諒解せしむる」こと、「学校教員をして国民道徳の観念を持せしむること」をあげた [30]。同年 4 月の地方長官会議において小松原は「文芸及通俗教育」について、「腐敗堕落に傾き、動もすれば危険なる思想に感染せんとする青年社会」に対して「健全なる国民精神を涵養」することを目的に文芸委員会および通俗教育調査委員会を設置し、健全な読み物の指示、奨励、供給を行い、興行物、幻灯、活動写真等の取り締まりと奨励の方法を設けるとした [31]。

1911 年 5 月に通俗教育調査委員会が設置、直轄学校長 4 名、東京帝国大学教授 2 名、東京高等師範学校教授 2 名、文部・内務省官吏各 1 名、府県官吏 1 名、教育会役員 1 名、雑誌記者 2 名 (1 社)、新聞記者 8 名 (8 社) から構成された [32]。委員長には、文部次官・岡田良平が就任、幹事には普通学務局長・田所美治が任命された。田所は、通俗教育調査委員会の目的として「学校外で一般国民智徳の修養に資する」こと、その方法として「日本固有の点に欧米の制度を参酌」するものとした。具体的には「講談」、「幻灯及び活動写真」、「巡回文庫や通俗図書館」のほか、「青年叢書の出版」、「標準目録の提供」等を指摘した [33]。

この経緯について権田は、「民衆教育の根拠と其向上」(1919) で「一問題になりかけた通俗教育は其の当初の意気込の素晴らしかりし丈け、其の消えて行くことの余りに惨めに何時とはなしに去つて仕舞つた」と述べた (42 頁)。彼は、教育は「教育者の独占を離脱して公平なる意味において社会の一般に頒与される」ことから「民衆の手により民衆の間より生まれ出」

るものと考えた（43頁）。ゆえに、通俗教育調査委員が浅草六区の娯楽興行を視察し、興行関係者に対して通俗教育者としての自覚と内容の改良を促したことで事たり得たとするのであれば、通俗教育は学校教育の二次的意味に過ぎないと彼は述べた。

権田による民衆教育の提唱

　[1] 権田は、民衆教育の根拠として「被教育者の数が極めて多き所」を指摘した（同前・44頁）。学校教育はその内容を「系統的なる所」とし、その対象者を「国民生活の初期に関する」者とするのに比して、民衆教育はその内容を「系統的ならざる所」とするゆえに、その対象者は学校教育対象者以外、つまり「国民生活の最盛期に関する」者だと彼は述べた（45頁）。権田は民衆教育の特徴点をその強みだと捉えた。

　[2] 権田は、民衆教育は「一般民衆に了解し易き所」を根拠とすると述べた（同前）。学校教育における智的教育の意義も認めながらも、智的教育の域から一歩も出ないのであれば、それは「説明によりて入り来つた道念、概念として得来つた個性」であり、「火花を散らす人生の活舞台」において意味を持ち得るかどうか疑問だとみた（46頁）。

　娯楽業従事者は「六ヶ敷い説明で概念を聴者観者の頭の中に叩き込まんとする」よりは、むしろ「極めて平易に極めて流暢に聴者観者の腹の中に或る人生の真味を注ぎ込む」もので、そこに意義があると権田は述べた。「泣いたり笑つたり寝たりして楽に見たり聞いたりした事柄は日常茶飯事の際には或は何等の効果をも表はしては来ない」が、これらを通して「頭の中に概念的に解釈して行く」のではなく、「知らず識らずの間に彼等の血に溶け込んで」いくことを本質とした点に権田は意味をみいだした（46-47頁）。

　[3] 民衆教育は「デモクラシーの高調せらるゝ時代の思潮」であり、「民衆の手によつて民衆の間より民衆の教育は生まれ出でざるべからざる」思想を権田は持った（47頁）。権田がいう民衆教育は「民衆を背景とし、民衆を舞台とし、民衆を観客とする」ものであり、それを可能にする民衆娯楽機関として彼は劇場・寄席・観物をあげた [34]。都市労働者の生活現実から導き出されたのである。

民衆教育の実現

[1]「民衆教育に対する学校教育者の啓蒙」の必要である。「民衆教育は学校教育の補助機関に非ずして、両者は対等の位置を教育上に占むるべきである」と権田が捉え、教育者が教育を広い意味で解する必要性を説いた（同前・51-52頁）。

[2]「民衆教育者の自覚と自重」の必要である。権田の主張する「民衆教育」は、学校教育とは根本的に異なる原理に立脚した。「広き実社会」を背景とする「活ける教育」である民衆教育が「活ける人間としての完成」を期待できる。それは「広き社会の真の教育者」になると権田は解した（53頁）。

2. 社会的側面

権田のデモクラシー観

先にもみたように、権田は一時モリスに傾倒していた。モリスはいかなる労働にも喜びをみいだせるようにすることでそれを芸術にまで高めていくことを目指した。そのために労働を取り巻く環境が抱える様々な矛盾と対峙し、捉え直すことで、人間や社会を高めようとした。

ユートピア的なモリスの解釈に対して、権田は歴史的発展の法則に基づき「妥協ではなく創造」を説き、より現実的・積極的であろうとした。唯物史観についても権田は考えさせられた。

「唯物史観には或る程度までの真理がある。然しながらそれと民族の有する人生観とか、民族観とか（其の様なものを認めるのが間違であるといふならば、それは問題ではないが）との関係に至つては、なほ取り残されてゐるものがある。」（『美術工芸論』1921・176頁）

労働と遊戯の関係の捉え直し

権田が指摘する「民族の有する人生観」とは、民衆が生活における労働と遊戯の関係を捉え直すことで「『人生』てふ生命の源」をみいだそうとする試みであった。

「民衆生活の変遷と近代式民衆娯楽の誕生」（1921e）でいうように、「明

治維新以来僅か五十余年の間に於ける我が日本の社会状態の開展」に伴う「民衆生活の転移」について、「其の原因を尋ねる時は、我々はそれを民衆の性質の変化に帰し度いのである。而して更らに此の民衆の性質の変化を生ぜしめたる素地を探り行く時は我々は之を社会経済状態の変化、即ち社会経済組織の変遷に帰せねばならぬのである。実に我々は此の点に於ては、少くとも唯物史観論者であることを肯定する。」(『民衆娯楽の基調』1922・41–42頁)

　権田は、民衆の性質の変化から、民衆娯楽を導き出した。この場合の変化とは、経済変化に伴うもので、帝国教育会調査や月島調査で都市労働者の生活実態の一端や、活動写真および寄席興行と民衆の関係をみてきた経験から彼が得た視点であろう。これにモリスに依拠しながら得た「『人生』てふ生命の源」をみいだそうとする視点を融合させようとした。

3. 大衆娯楽と民衆教育
大衆娯楽の問題性

　文化主義批判を展開した権田が「文化主義より民衆娯楽問題へ」(1921j)で、「論壇の中心が、文化主義から民衆文化主義を経て、民衆娯楽問題に移つて来た」(『民衆娯楽の基調』1922・35頁)と指摘した点をみておきたい。権田は、民衆娯楽問題を「社会生活が街頭より自然に生み出した具体的事物の産物」と捉え(同前・序1–2頁)、活動写真の研究に着手にした。権田は活動写真をはじめとする民衆娯楽の現状に決して満足していたわけではない。民衆娯楽が社会の風教や教育という視点から放棄され、「低級なるお客様が一番肝心なお得意さまになつて居る」状況を問題視したのであった(『活動写真の原理及応用』1914・12頁)。

　知識人と民衆の間に氾濫する大衆娯楽をいかに把握するのか。大衆娯楽は産業が生み出した画一的なものである。大衆娯楽のはらむ問題性について、民衆はいかに対峙し得るのか。

　権田におけるデモクラシー理解には変革の視点がみいだせる。彼はあらゆる事象に対してデモクラシーや民衆化が唱えられた潮流に批判的であった。「民衆の為めに」が意味するところについて、「概念主義」批判の立場

で権田は慎重であろうとした。

民衆教育の内容

　権田は、民衆教育の内容は民衆の生活との関わりから生まれ出されるものであると理解した。それは彼の学校万能主義に対する批判にある。

　学校万能主義は、権田の理解によれば、階級教育主義に立脚し、民衆への視点が不十分であった。民衆をめぐる状況について論じながらも、結局は支配階級主義に帰すると彼は捉えたのである。

　権田は民衆に都市労働者としての実態をみいだした。その生活状況から民衆娯楽に目を向けて、民衆教育の主軸と捉えた。彼は民衆娯楽に民衆の情感が反映されていると解した。権田が批判的であった制度としての通俗教育（社会教育）においても、寄席や幻灯を用いた通俗講談会が実施された。しかし道徳・教訓的色彩が濃く表れて、民衆娯楽の本来の姿、つまり面白さ、情感等ではなく、改善および取締に関心が向けられた。この民衆娯楽はただ講演会の客寄せにすぎなかった。

　なぜ権田はこうした民衆娯楽を民衆教育の内容として捉えようとしたのか。民衆がそれを要求したことの背景にある彼等の生活の問題に権田が注目したことがある。

民衆教育の意味

　権田が啓蒙的理論に対して批判的であったのは先にみた通りである。その一方で民衆娯楽は、歴史的に取締の対象として捉えられてきた経緯がある。権力と対峙する位置関係にあり、教化政策と関連もしくは相剋しながら日本的感性や価値観を伝えてきたことから、社会教育の深層をなしたのではないか。

　ゆえに権田は民衆娯楽を通して、日常生活における楽しみや、啓蒙なるものに対する批判の意識や姿勢を民衆がみいだすことに期待したのである。彼の提唱する民衆教育は、系統的な定められた内容を学ぶというよりは、むしろ民衆がその生活と直面し、いかに生きるのかを考えさせられるようなものであろう。

民衆教育には系統だった内容や明確な方法がない。権田がこれについて「学者が書斎で捏ね上げた抽象的概念の産物ではなくして、社会生活が街頭より自然に生み出した具体的事物の産物」（『民衆娯楽問題』1921・序2頁）と語る。民衆が社会において、彼等の感情、欲求を認識する過程が教育であると権田は解したのであろう。

盛り場の形成

権田は地域形成に関心を寄せた。「民衆娯楽問題の原書は浅草にあります」（『民衆娯楽の基調』1922・2頁）と権田は述べた。民衆娯楽が盛り場として浅草という地域を形成した点に注目した権田は、そこに訪れる民衆の性質として、ブルジョワとプロレタリアをみいだした。彼等の好みは微妙に異なり独自性をそれぞれが醸し出したこと、そうした状況が浅草独自の盛り場としての連帯を生み出したことを、過程から彼は注目した。

大衆娯楽の二面性

近代学校制度における問題点として、社会と没交渉、知育偏重、生活実態への認識の欠如を指摘した権田が、民衆教育を提唱した意図は、民衆が生活を構成する際に主体たることに重きを置いたことにある。民衆娯楽は、資本主義社会が生み出した、いわば大衆娯楽であった。

彼が民衆娯楽に注目した理由は民衆が興味関心を示した点にあった。大衆娯楽は民衆文化創造の源泉である一方で、営利主義に陥るという二面を併せ持つ。この点を踏まえ権田は、民衆が娯楽を日常生活において認識するようになること、そのために彼等の生活が、労働と生産のみに集中する状況を問題視した。理想主義に終始することなく、民衆の解放をめざした。「民衆が好む」娯楽を優先にする立場から、娯楽に教育的意味を付与し、その方向性を示すことに権田は否定的であった。

注
1　権田速雄（1982）44-45頁。
2　以下に引用する本間久雄（1916）、大杉栄（1917）など。この経緯については南博編（1965）『大正文化』が詳しい。

84　第 2 章　学問の形成と視点

3　本間久雄（1916）「民衆芸術の意義及価値」2 頁。

4　前注・2 頁より、ロラン『民衆劇場論』（Rolland, Romain: Le Théâtre du peuple, essai d'esthétique d'un théâtre nouveau. 1903）、ケイ『更新的修養論』（Key, Ellen : Recreative Culture. 1914）、アーノルド『教化と無秩序』（Arnold, Matthew : Culture and Anarchy. 1869）。

5　大杉栄（1917）「新しき世界の為めの新しき芸術」233-237 頁。

6　「文化主義」提唱者として、桑木厳翼（1920b）「文化主義の問題と基礎」、金子筑水（1920）「時代精神としての文化主義」や左右田喜一郎（1922）『文化価値と極限概念』、また土田杏村に「現今三大闘争と我が国策の建設」、「ナショナルギルドの社会論の文化主義的修正」（1920c）、『文化主義原論』（1921a）、「社会主義とアナキズムの統一としての文化主義」（1921b）、『教育の革命時代』（1924）がある。土田（1920a）「文化主義に対する弁妄」は権田の批判にこたえたものである。

7　「民衆文化主義」提唱者として大山郁夫が代表的存在である。また権田も「民衆文化主義」批判を展開させる際に大山の論を意識していた。こうした権田の批判に応えるものとして、後述する大山（1920b）「民衆文化主義と自分」、同（1920c）「民衆文化への疑義について」等がある。

8　桑木厳翼（1920b）「文化主義の問題と基礎」15 頁。

9　金子筑水（1920）「時代精神としての文化主義」22 頁。

10　土田杏村（1932）「文化主義」1036 頁。

11　土田杏村（1919）「現今三大闘争と我が国策の建設」108 頁。

12　大山郁夫（1920c）「民衆文化への疑義について」15 頁。

13　大山郁夫（1920a）「現代社会生活と知識階級」27 頁、および同（1920b）「民衆文化主義と自分」37-38 頁。

14　吉野作造（1920）「横断的対立より縦断的対立へ」115 頁。

15　土田杏村（1920b）「民衆文化と予の文化主義」について吉野・同前（116 頁）で触れている。

16　宇野弘蔵（1952）「ものにならなかった浅草調査」（宇野弘蔵著作集・別巻『学問と人と本』1974・81 頁）。

17　前注、宇野（1952）80 頁。

18　権田は、モリスの「芸術の使命は人間の労働を幸福ならしめ、其の間暇を有効ならしむるにある」に関心を寄せ、それを「労働享楽主義」と呼んでいた（『美術工芸論』1921・16-24 頁）。また権田が東大助手時代の教え子の一人であった宇野弘蔵はその時期に権田がモリスに興味を持っていたと述べている（宇野『資本論五十年（上）』1970・116 頁）。

19　桑木厳翼（1920a）『文化主義と社会問題』171-178 頁。左右田喜一郎（1915）「経済学認識論の若干問題」（『左右田喜一郎全集』3・1930・327 頁）。

（第 2 章　注）　　85

20　左右田喜一郎（1919）「文化主義の論理」（『左右田喜一郎全集』4・1930・16-17 頁）

21　土田杏村（1920c)「ナショナルギルドの社会論の文化主義的修正」21 頁。

22　土田杏村（1921b)「社会主義とアナキズムの統一としての文化主義」『雄弁』9 月号。

23　土田杏村（1924）『教育の革命時代』295 頁。

24　土田杏村（1919）「現今三大闘争と我が国策の建設」21 頁。

25　土田杏村（1921a)『文化主義原論』。

26　土田杏村（1919）同前・22-23 頁。

27　倉内史郎（1961）『明治末期社会教育観の研究』7-8 頁、久原甫（1974）「社会教育行政の登場」485-486 頁。

28　「社会教育に就て・小松原文相談」『時事新報』1909 年 1 月 4 日。倉内（1961）7-8 頁より。

29　『教育時論』第 888 号・1909 年 12 月号。久原（1974）458 頁より。

30　『教育時論』第 929 号・1911 年 2 月号。久原（1974）487 頁より。

31　『帝国教育』第 347 号・1911 年 6 月号。久原（1974）487 頁より。

32　「読売新聞」1911 年 5 月 19 日。倉内（1961）51-52 頁より。

33　「読売新聞」1911 年 5 月 19 日。倉内（1961）138-139 頁より。

34　権田（1919）「民衆教育の根拠と其向上」54 頁、同（1921a)「公衆娯楽と社会教育」9, 12 頁、同（1922）『民衆娯楽の基調』15 頁。

第3章

娯楽論の展開

　権田は、1920年代について「欧州大戦によつて齎らされた経済的躍進によつて創り出された大民衆の生活が、その反動期の腥惨に直面し、次いで大震災の試練に遭逢し、更らに世界的不況の苦酸を味得して、いよいよ急峻に、益々深刻に転向した」（『民衆娯楽論』1931・序1頁）ゆえに、「民衆娯楽てふ現象にとつては極めて重要な期間」と述べた。

　本研究では同時期を民衆娯楽から国民娯楽への移行期と捉え、権田の民衆生活に対する問題意識に注目し、その娯楽論の展開を検討する。権田の生活観は、彼の娯楽論の主軸であり、彼の娯楽論を方向づけた。

　権田の生活認識は先行研究でも注目されている。

　井上俊（1974；1986）は、権田のいう娯楽について、人間活動そのものの内在的な特性である『自己目的性』とその活動に関わる行為者の側の主体的な条件とをそれぞれ重視する点から所謂遊びの概念に近いゆえに、権田は「〔たとえば生産、教育、宣伝など〕に対する効果によって娯楽を正当化しようとするいっさいの立場に反対するとともに、現実の娯楽状況に対するいわば人間学的な批判の視座を築くことができたのではないか」と述べた。権田は娯楽を生活に密着して成立すると定義した。また民衆の生活は変遷を遂げ、生活の概念は曖昧である。「生活創造としての娯楽」を提唱した権田がよりよい生活のために娯楽はかくあるべしという方向を示した点を問うた[1]。井上の指摘は示唆的であった。

　権田の娯楽論における民衆娯楽から国民娯楽への過渡をいかに捉えるか。

　この点について、「明治から大正へ、大正から昭和戦争時代へ、そこから戦後への移りゆきの中で、日本の学問の中でのつながりを保つことは、

むずかしい」という前提のもと、「民衆の現在の生活の形をよりどころにしてすすめられる」権田の娯楽論は、「本来ならば資本主義体制批判としてではなく、社会主義体制にたいしても、そしてさらに明白にファシズム体制にたいしてからめてから批評をつづけてゆくことができるはずの『人間学的な批判の視座』をそなえているにもかかわらず、軍国主義体制の中にのみこまれていった」という鶴見俊輔（1976）の指摘がある[2]。

　先行研究は転向一辺倒ではなく、時代の限界をあげる。薗田碩哉や津金沢聡広である。薗田（1978b）は、権田が「民衆娯楽と国民娯楽に共通する姿勢は、それらが広い意味での『教育』の問題としてとらえられていた」と述べる[3]。津金沢（1975）は、権田の娯楽論に「初期諸論稿をも貫いて、広義の『教育』論としての展開」をみいだした[4]。

　井上は、権田が提唱した「生活創造としての娯楽」からよりよい生活のためには娯楽が方向づけられる「危険」性を指摘した[1]。薗田（1978b）は、「娯楽は娯楽として一つのもので」あり「娯楽の大衆性＝快楽追及性と指導性＝教育性とは盾の両面として同時に存在している」ゆえに「権田のとらえた娯楽にはこのような全体としての娯楽であった」と述べる[5]。

　権田の「生活創造としての娯楽」という理解が、娯楽のあるべき方向性を固定化すると捉えられることもある。しかし社会教育に対する問題意識が権田にあり、あるべき生活像やよき娯楽の追究につながったのではないか。

　戦時期、「娯楽教育発祥の径路」を究明し、その方向とその施設を紹介し、その将来の展開を示唆する目的のもと、「常に対立的に相剋する範疇」であった教育と娯楽の関係に着眼して「娯楽教育」の概念の確立過程を著した『娯楽教育の研究』（1943）は権田にとって、まさに「半生苦悶の記録」であった（序 1-2 頁）。

　本章では、1920-1930 年代の権田の娯楽論を（1）民衆娯楽論、（2）国民娯楽論に大別して、彼の問題意識を軸に、民衆娯楽から国民娯楽への過渡について検討する。

第 1 節　民衆娯楽論

1.「娯楽なき人生」の体験
『民衆娯楽論』（1931）

　1920 年代の「民衆娯楽そのものゝ記録」（序 2 頁）であるという『民衆娯楽論』（1931）において権田は娯楽の社会生活および人間生活上への位置づけやその社会的対策の必要性を主張した。これは自身の関東大震災（1923）の体験に基づく。震災により、「所謂文明人の生活、近世資本主義的経済組織の生み出した人間生活の弱点」を「遺憾なく如実に、我々の面前に敲き付けられた」中にあって、「平常は其の真価が兎角隠され勝ちであつた生活各要素の意味と価値」が「明らかに、我々の顔前に展開され」、かつ「人類原始時代からの社会史的発展を、慌しく体験した」点を描き、彼は「娯楽の民衆生活に対する意義」をみいだした（56-57 頁）。

関東大震災と娯楽

　関東大震災による「娯楽の一時的絶滅」を権田は次のように捉えた。

　[1]「民衆娯楽機関の絶滅」について

　娯楽中心地の『浅草』、「銀ぶら」の『銀座』、『吉原』『洲崎』の二大遊郭、『柳橋』『新橋』『赤坂』等に芸奴街をはじめとする活動写真館、劇場、演芸場、飲食店、百貨店の焼失により民衆娯楽の代表者である興行物、遊戯場の「最大部分が奪はれて仕舞つた」こと（58-61 頁）。

　[2]「娯楽を思はざる民衆の生活」について

　民衆娯楽の機関は、その大部分を焼失しながらも「全東京に於て、夫等の機関が全く跡を絶つたといふ訳では無い」が、民衆は「『娯楽』といふもの」がその「生活から全く消え失せて」、「『娯楽』といふことを考ふるべく全然不可能な心的状態に置かれて居た」こと。「生物としての生存」であっても決して「人間としての」生存ではなかったゆえに、民衆の中で「娯楽」を「考へるといふ事それ自らが有り得なかつた」のである（61-64 頁）。

[3] 娯楽業者について

「人々の生活が娯楽と全く絶縁した今日に於ては、それは空しき残骸たるに過ぎない」ゆえに、娯楽業者も「甚しき苦境に陥らざるを得なかつた」こと（64頁）。

震災時に「娯楽なき人生」を体験したゆえに権田は、「『娯楽』を与へれば、人の心が平静になる」のではなく、「人が娯楽を要求する其の時が、心の平静を要求する転機である」と述べるが、それは「人が、擾された心に安定を望み、奪ひ去られた心に平衡を恋ひ慕ふ時、先づ以て現はれ来るものは『娯楽』に対する憧憬である」という彼の認識に基づく（70頁）。民衆にあった、極限生活から人間として平衡を保った生活への復帰の願望に伴う娯楽の要求は決して社会的罪悪ではなく、当然の心的要求であるという、人生における有意義性、必然性を彼はみいだした（94-96頁）。したがって震災時、民衆の娯楽要求に対する社会的施設、および対策は一時的に与えられたものに過ぎず、恒久性を要する帝都復興の目的には到底およばない。権田は過渡的な「慰安的催し物」とみなし、帝都復興事業とは別物と解したのである（「社会生活に於ける娯楽の一考察」1924b・『民衆娯楽論』1931所収91頁）。

娯楽要求の復活

権田は『民衆娯楽論』（1931）で、民衆に生じた娯楽要求の気運の高まりの過程を次のように描いた。

「日比谷公園や宮城前広場に避難した人々の焼け亜鉛板で葺いた掘立小屋の中からは、震災後僅に一週間にして、鈍い蝋燭の灯影にハモニカの響が聞え、日比谷公園の有楽門のあたり一帯に出された露店の夜は、屍体焼却・残灰整理に疲れて帰つた逞ましい男性があほる一杯の冷酒の酔ひに彩られたと云ふ。然し市民一般は震後三週日位までは、娯楽に対しては極めて遠慮深かつた。蓄音機は掛けず、楽器は塵に委してゐた。夫等が自分の家に存在するといふ事をさへ、世間に済まぬ位にまで考へてゐたのである。」（71頁）

「丸ビルが九月の末に開かれた時、潮のやうに人が流れ入つて、書店に

於ては軽い読物が、煙草屋にては薫の高い外国煙草が、食堂にあつては甘い物が、楽器店にては安い楽器が飛ぶやうに売れた」(72頁)

こうした過程について、民衆の「長く堪え忍んで、忍び切れ無くなつた心の不安定を断ち切つて、平衡に赴かうとする要求の一つの表現」、「心の要求」と捉えた（同前）権田は、震災によって、「娯楽と人生の不可分たる事実」と「娯楽なき人生の如何なるものであるか」実感させられたという（「娯楽なき人生の実験」1923g）。

権田が娯楽に着目し追究を進めたのは、彼の日本の学問・文化構造に対する問いにはじまった。

まず民衆が文化創造の主体になる意味を追究した。民衆の事実としての娯楽と向き合い、その実態のまま肯定的に直に「民衆が興味を感じてゐる」という事実に即して受け止め、かつ興味を彼は寄せた。

さらに娯楽の有する意義、影響を追究した。民衆娯楽を「民衆善導の安価な具」ではなく人生を豊かにするものとして把握した。人生における娯楽の意義に加えて、その供給のありようについて震災時の娯楽供給状況、および背景にあった当局側の娯楽認識から権田は示唆を得た。

震災によって、権田自身も「娯楽なき人生」、「頭から娯楽を考へない人生」を体験した。「人間は娯楽なしには生き得られないもの」であり、「人間が人間らしい思考感情を所有する為めには、娯楽を一日も欠くことが出来得ない」と述べる。「人間の心に落着きが出来ると娯楽を要求する様になるといふのではなくて、娯楽を要求する欲求が生じて来ると、其の時が人間の心に平衡の生じてきたことを示す」と権田は解した（「帝都復興と民衆の娯楽」1923h・193頁）。したがって、当局、識者の問題関心が、食料配給、住居供給、傷病者救護状況等から「猛火に心の安定を極度に破られた一般市民の荒んだ心を振作せしむる為めに、何か慰安の途を講じなくてはならぬ」としてはじめた「慰安的催し物」を「帝都復興の元気を振作する原動力」とみなすことに権田は疑問を呈した（『民衆娯楽論』1931・90頁）。彼が当局側による「慰安的催し物」に「震災直後、食物に窮乏してゐた際に、玄米を配給したのと、全く同様の意義」をみいだしたからである（90-91頁）。

よって慰安的催し物として、各種団体による慰問的演芸会の開催、戸山

学校音楽隊、音楽復興協会による慰問演奏、東京市社会教育課主催の各種演芸会が避難バラック居住者を対象に実施されたことを、権田は「焦土の上を唯だふらふらと歩き廻る丈け」であるのならば、「玄米飯を食つた時期の」「異常に焦立つた心持ち」の状況となんら違いはないという（「帝都復興と民衆の娯楽」1923h・196頁）。

民衆娯楽と帝都復興

　権田は娯楽に対する当局側による慰安的催し物の意味づけをなぜ問うたのか。それは民衆の娯楽を帝都復興の問題と関連づけて考える彼の姿勢に基づく。権田は、帝都復興事業の目的は帝都復古ではなく、「大震災によつて暴露された古き社会状態に伴ふ欠陥」の克服にあると考えた。帝都復興の第一条件は、「民衆の心の静平」であるゆえに、「民衆が心の静平を欣求する機契」とする娯楽も主要な課題の一つになるが、慰安的催し物のように娯楽をただ一方的に供給するという方法のままでは、その本来の意義が発揮できないと権田は主張した（「帝都復興と民衆の娯楽」1923h・195–196頁）。

　したがって帝都復興事業の一環である娯楽対策について、次の点からは民衆の「心の静平」としての娯楽本来の意義がみいだせないと権田は指摘したのである。

　①東京市保護課の独身労働者のバラック建設計画において「浴場・娯楽室・食堂・病室等も付設」されること。

　②文部省社会教育課が帝都復興院に「大人も子供も楽しく一日を過し得るやうに」官営の民衆娯楽場建設を打ち出したことについて、示されたその予算額から果たして「そんなことを真面目に考へてゐるか」疑わしいこと。

　③東京市連合青年団が帝都復興に向けて市内数ヶ所に競技場設置の予定であるがその具体性がみえないこと。

　④東京市社会教育課公園課で浅草・芝両公園に市民娯楽館を建設することで「震災後非常に少くなつてゐる娯楽機関」を補う予定であること。

　⑤庭園協会が「東京市全面積の百分の五以上の面積範囲」に公園や公園広場を設置すること（『民衆娯楽論』1931・92–93頁）。

そこで権田は、関東大震災による「娯楽なき体験」から帝都復興の方向を批判しつつ、民衆娯楽に関して次の点を問題提起していた。

①「帝都復興に対する民衆の元気と平常なる思索との根底となるべき心の静平を持ち来すべき使命」を民衆娯楽が有すること（「帝都復興と民衆の娯楽」1923h・196頁）。帝都復興の「手段」としての民衆娯楽は、同時に民衆に「穏やかな心」をもたらすことが期待された。

②「復興後の帝都」をみすえた上で、民衆娯楽に復興の目的を追究したこと（同前）。

浅草の復興

浅草の復興過程を権田は次のように観察した。

①「震後二週日にして焼土と化した仲見世にゲートル、眼鏡、万年筆、震災絵端書、ジャケツを売る露店や、ライスカレー、おでん、冷酒の飲食店が目白押しに出現した。〔中略〕仲見世から観音堂へは焼けた大増の前に立ちながら、天どんや煮しめを食べ、ビールコップに盛った冷酒をあおる人が黒山のように群がる態を見て『流石は浅草だ』と考えた。」（「復興の都を眺めて」1924a・131頁）

②「暮のある日浅草へ行って某館を見た。〔中略〕一興行が終って〔中略〕皆急ぎ足に黙々として、そ処等の小飲食店の前を素通りして、家路にと去って仕舞った。」（133頁）

同じ浅草でも、①と②では描かれ方が異なる。①からは、盛り場という地域の再形成に向けての民衆の息吹がうかがえ、権田は「帝都の都は浅草から」を実感したと述べる（132頁）。一方、②については、「ただ徒に『浅草』を復活させる」のではなく、「来るべき帝都の民衆生活と娯楽の関係」が課題であると彼は主張する（「帝都復興と民衆の娯楽」1923h・196頁）。

権田は、「『浅草』があるために市民の娯楽生活が作り出される」のではなく、「東京市民の生活があってそこに『浅草』が出現した」と考えるべきだとして、「何もが震災以前の状態を根拠としてそれを出発点として」いることを問うた（「復興の都を眺めて」1924a・131, 146頁）。

与えられた娯楽から、民衆の根底から揺り動かされた生活意識の発動に

よって娯楽享受へ到達する民衆に、文化創造の可能性を託す視点は権田の主軸である。人間が「人間らしき思想感情を働かしめて生活する」には、娯楽から絶縁することは出来得ないものである」（「帝都復興と民衆の娯楽」1923h・196頁）という娯楽の社会的効用（「社会生活に於ける娯楽の一考察」1924b・『民衆娯楽論』1931所収・54頁）への注目は、彼の「娯楽なき人生」の体験が生み出したものであろう。

2. 娯楽三定説の批判的検討

「社会生活に於ける娯楽の一考察」（1924b）において、「娯楽なき人生」と「娯楽の社会政策的配給」の体験から、権田は娯楽三定説を批判的に捉え直した（『民衆娯楽論』1931・10-11頁）。それは、「客観的存在説」、「過剰勢力説」（Überfluss theorie）、「再創造説」（Recreation Theory）からなる（11頁）。権田の解釈をもとにみていきたい。

（1）娯楽の「客観的存在説」

「娯楽が人間生活の如何なる範囲に於て成立し、其の限界は如何なる点に存立するか」という観点から娯楽の意義を決定づけるものである（同前）。人間生活を「作業、睡眠、娯楽」に三分類し、そのどこに属するのか、その行為の種類から意味づけが決定するゆえに、行為者の「主観の状態の如何」が問題にされない点（13頁）への疑問から、権田は何をもって娯楽の成立とみなすのか追究した。

まず、「行為の客観的標識によつて娯楽と否とを決定せんとすること」を権田は批判した（20頁）。人間生活を構成する娯楽について、それを現実化させるのはその行為者であるという観点が欠落する点を指摘した。

次に、「人間の行為をそれを行ふ主体の職業種類・社会階級等による種類と結合せしめ、其の各種の結合の間に含まるゝ人間の数の多きものを以て、其の行為の正態と見做し、それを標準として其の行為の労働であるか、娯楽であるかを決定せんとすること」を権田は批判した（24頁）。主体の解釈如何によって、その行為は娯楽にも労働にもなり得るゆえに標準ということ自体そこには存在し得ないと彼は述べた。つまり、娯楽の成立如何はそれを行う主体の行為に対する目的意識に左右され、娯楽は自明のものと

して人間生活において固定的に存在し得ない。

では娯楽は人間生活の全てに存在し得るのか。これに対して権田は主観万能論者ではないと述べた（27頁）。「今日の社会生活に於ては、人間は『生活を維持することの為めに』働かねばならぬ様に運命づけられてゐる」という彼の認識に基づく（同前）。

（2）娯楽の「過剰勢力説」

「生活に余力を生じ、生活の余裕が出来て初めて、其処に娯楽を考へるやうになり、娯楽に没頭すること丶なるのであつて、娯楽とは即ち余裕の産物である」というものである（14頁）。それに対して、震災直後「娯楽なき或る期間」を経てようやく娯楽が復活した点に権田は注目した（39頁）。「慰安的催し物」の実施をもって民衆の娯楽要求に応じたとする当局側は「人の心に余裕が生じ、生活に余剰が生じた」ゆえに、娯楽が要求されたというが、彼は、むしろ「生活の余裕を招来せんが為めには心は先ず娯楽を思はしめた」のであり、「人間が娯楽を思ふ念慮を湧かしめた時が、これ人間が獣的衝動の生存から人間的平衡の心的状態に復帰する転機」であったとみる（41頁）。

民衆の心に生じた平衡への願望とは彼らが本能的に娯楽を渇望する表れに他ならない。民衆生活との関わりから生じる娯楽要求は、彼等自身の生活を切り開きたいという願望であるゆえに、「生活の余剰より産出し来る」という「余裕の産物」ではあり得ない論拠として、権田は関東大震災後のある情景を振り返った。

「震後直ちに市内の諸所方々に出た露店は、自転車のパンク直しと西瓜・梨を売るものと、而して冷酒をコップで一杯売りものとであつた。震後十日ならずして日比谷公園の有楽門のあたりには多くの露店が出て、其の中にあつた冷酒を鬻ぐ露店は常に大繁昌を呈した。」（43頁）

罹災者、労働者の行為が「自暴自棄の結果、酒を飲む為めである」とか「思はぬ金が入るので酒を飲む為めである」ような「遊戯三昧の呑気な産物」ではなく、「激動の後に、掻き擾された心の静平を、一時も早く、最も手近かに持ち来さんが為めに飲んだ酒」で彼等は「痛々しい心の要求の所産」をみいだした（同前）。

（3）娯楽の「再創造説」

「娯楽は労働によつて失はれた勢力と新たに発生した疲労とを回復せしむるもの」として「今日の労働によつて失はれた心身の均衡を回復して、明日の活動の為めに自己を再創造する効用」を娯楽にみいだしたものである。「娯楽政策論者に最も多く愛用」された（15頁）。それに対して権田は、「娯楽の社会生活に対して有する作用の認識に不徹底なる所」と「生産中心の思想の産物」であって、「資本利潤擁護の為めの社会政策的利用に供せらるゝ危険を帯ぶる」点を疑問視した。

[1] 娯楽の「社会生活に対する効用」をめぐり、娯楽でもって今日の労働による疲労を癒し、心の均衡を回復して明日への労働に向き合う自己を再創造させる過程の重要性を認めながらも、これはあくまで娯楽の一側面にすぎないと権田は述べた。

例えば、「毎日労働することによつて初めて其の生存を維持し行き得る一労働者が、一夕酒楼に上つて〔中略〕食ひ〔中略〕飲んで、興の趣くがまゝに徹宵盃を傾け、其の結果翌日は宿酔の為めに工場に出勤することが出来なかつた」場合、これは再創造ではないが娯楽の成立である（45頁）。

次いで、「青少年が好んで耽る活動写真の享楽の如き、多くの場合、再創造の趣意とは全然背反せる」が、「夫れが彼等に対して最も力強き娯楽である」理由について、彼は問うた（46頁）。娯楽の成立要件に再創造を掲げるのであれば、無限にある娯楽が本来の意義を発揮できず、再創造の中で限られた形でしか存在し得ない。先の労働者は、「酒を飲まずして、早く家に帰つて、静かに晩飯を食つて、悠りと寝た方が一層効果があつた」ということになり、そこからは娯楽が成立する可能性をみいだせないのである（47頁）。つまり娯楽に対して即「再創造」を期待するのは、娯楽政策論者の意図するところであり、実際に娯楽に対して主体である民衆の興味、関心、意思は全く問題にされていない。

[2]「生産中心の思想」における娯楽の意味づけを権田は問うた。これは「今日の疲労を回復して明日の仕事への元気を養ふ」必要から「明日の、より善き作業」が最優先とされる中で、娯楽は生産のために存在することの強調に他ならない（同前）。資本主義社会の原則に基づく生産の高調は生

活そのものが軽視されることにつながるゆえに、娯楽が成立する基盤を「生活」にみいだそうとする権田はこうした観点を受け入れがたい。よって生産や物を強調する目的がいかに生活を犠牲にするかを彼は指摘した。

　まず一般に生産が強調されるのは、資本主義社会体制では当然であるゆえに、その特権階級なる資本家階級に彼は批判の目を向けた。資本家階級に対して「奪はれて生存する階級」が存在するからである。彼等は「其の『生活』を犠牲として、これを『物』の殿堂に捧ぐる」ことを資本家階級から強要される。こうした関係から資本家階級は利潤を享受し、彼等の生活は成立するのである（48頁）。

　次にこの資本家階級本位の論理にあって「奪はれて生存する階級」（民衆）に権田は目を向けた。民衆にとって娯楽の存在意義を「生産の為め」、「生産の効果を増大せしむる為め」と解するのは、「生産の結果に利潤せんとする人の利益を目標としてゐる」ことになる（49頁）。そうであるならば、彼らは娯楽に対して主体になり得ない。したがって娯楽は成立し得ず、その「生活」からも意義をみいだすことができないと権田は危惧したのである。

3.「生活創造としての娯楽」の提唱

　娯楽三定説の批判的考察を経て、権田は「生活創造としての娯楽」を提唱した。「事実としての民衆娯楽」と「政策としての民衆娯楽」との「別」を指摘し、「何処までも『事実としての民衆娯楽』を突き詰めて、其処に始めて政策を樹てねばならぬ」点（『民衆娯楽の基調』1922・序1-2頁）を基本とし、彼は娯楽に、「社会生活に於ける娯楽の一考察」（1924b）でいう「社会的効用」（『民衆娯楽論』1931・54頁）を求めたのである。

　権田は、自身が民衆娯楽論を展開した1920年代について「生産に狂奔し、生産をのみ高調し、『物』を崇拝した変態的時代」から「生活を高調し、生活を中心とする新しい時代に入らう」という「一転機に会してゐる」時期（同前・49頁）であり、それに対して「生産の為めの人生ではない、『物』の為めの『生活』ではない、其の逆に人生の為めの生産である、『生活』の為めの『物』であるといふ当り前な考を、当り前に実現させ様として、

心ある人はもがいてゐる」と述べた（同前）。

　娯楽に関するごく「当り前な考」が未定着な中で彼は、生産中心思想の打開に向けて、人生を豊かにするための生産であり、生活あってこその物（生産）である点を再確認しながら生きることの原点に立ち返る必要性を説いたのである。したがって、娯楽と人生の関わり方について、生産中心思想を介した「生産の為めの再創造」を否定する権田は「創造の為めの娯楽」、「創造の為めの生産」を主張した（50頁）。

　創造の主体は民衆であり、創造という行為それ自体が他の何かのためではない、第一義的なものである点に娯楽の「社会的効用」を彼はみいだした。「人間生活の創造の為め」の娯楽（同前）であるゆえに、生活創造を可能にすることが娯楽たり得る要件だと解したのであろう。

権田の生活創造理解

　では生活創造を権田がいかに解し、意義をみいだしたのか。「普通に主張せられ、一般に娯楽問題を考察し、娯楽政策を立つることの基礎的概念となつてゐる」娯楽三定説への批判から、彼は次の点を指摘した。

　①娯楽は「人間生活に於て或る特種の形式を具へて客観的に存在す」るのではなく「寧ろ主観の態度によつて成立し得る」こと。

　②娯楽は「生活の余力より発生する」のではなく「人間の心に本能的に娯楽欲求の生じた時が、人間の心に均衡を欣求する念の湧き出したことを證する標識」であること。

　③娯楽は「生産の為めの再創造には非ずして、寧ろ生活創造の根底である」こと（51頁）。

　権田の娯楽論の主題は民衆の生活創造にあった。民衆娯楽問題をめぐる議論や政策が娯楽を「生活の余剰の所産」と捉えることで「一種のディレッタンティズム」に堕ちたり、「生産の為めの再創造なりと解する」傾向があるゆえに、「一種の恩恵的社会政策に偏する危険と傾向」がある（52頁）とみた彼は、なぜ生活創造が必要なのか、その意義は何かを追究し、娯楽追究の際に留意すべき点として次を指摘した。

　[1] 娯楽と民衆生活の関係

権田は、関東大震災時の慰安娯楽を「心の失はれた均衡を回復せんと焦つてゐる人は、何はともあれ、兎に角娯楽と名の付き得るものなれば、それが与へられたものであつても、〔中略〕自ら作つたものであつても、選り好みをしてゐる余裕がない」ゆえに、「何時までも続き得べきものでもなければ、又続かすべきものでない」とみなした。その根拠として、「其後に於ける罹災者は、恵まれたる各種の娯楽に対する興味を失つて、自ら食べ物を持ち寄り、自ら飲み物を持ち寄り、〔中略〕自ら芸を持ち寄つて、自らの間に自らの娯楽を味ふ『自己慰安』を作り出した」事実を指摘した（53頁）。こうした自己慰安の創出が生活創造に連なり、民衆生活を成立させる。

[2] 娯楽の目的

「教育の為めに娯楽を値打ちつけ、宣伝の為めに娯楽を評価する」等、「或る他の目的」のために娯楽を意味づける、そこに社会的効用をみいだす向きに対して、権田は娯楽が「生活創造の一因数」である点こそ、社会的効用なのだと主張した（54頁）。

娯楽に目的、社会的効用をみいだすこと自体を否定するのではなく、民衆の生活創造の一要因であるという観点から娯楽を認識する必要性を説いた権田は、生活を捉え直す視点を模索したのである。

4. 生活像の模索

社会事実としての娯楽

「一切の社会思想なるものが思想それ自身の独自的産物に非ずして社会事実に即した所産にあるべき」であるという点（『民衆娯楽の基調』1922・序1頁）を基本に、学問の実用化、社会化を主張した権田は、社会経済状態の変化が生み出した民衆娯楽問題の背景、原因および娯楽成立について追究した（3頁）。

「文化主義より民衆娯楽問題へ」（1921j）では、娯楽は「民衆の実生活と離すべからざる社会事実」であり、知識階級が「書斎や研究室で字引を引きながら解釈し得る事柄とは全然別」な「現に生きつゝある動きつゝある現実」であるゆえに、その追究は実際に「其の間に跳び込み、其の内の空気を吸つて」みなければ何もはじまらないと述べた（『民衆娯楽の基調』

1922・39頁）権田は、好事家的な興味関心から民衆娯楽を研究したのではなかった。彼は資本主義経済体制に民衆生活がからめ取られている事実を直視した。

　まず民衆について、権田は、「public, folk, people, Volk と云ふ様な語義と、今日日本で使はれて居る『民衆』と云ふ語義とは全く其の趣を異にし、内容を別にして居る」として「『民衆娯楽』は、其の原語（？）は何処までも Minshūgoraku であらねばならぬ」のであって、「丸善のカタログには発見されない Minshūgoraku で無くてはならぬ」と述べる（同前・3頁）。原語はなく、かつ概念でもない、日本における現実の民衆そのものである。

　次いで「社会経済状態の推移」が「今日の世界に多数の無産者を作り出したと同時に、同質の無産者〔中略〕即ち同じ様に考へ同じ様に感激する多数の人々を作り出した」のであり、「之を私達は『民衆』と呼ぶことにした」と権田は述べた。「其の新らしき社会階級の新らしき娯楽を供給したものが又、資本主義的に最も徹底して経営された活動写真興行であると云ふに至つては、其の因縁の余りに奇しきに驚かるゝ計りである」と彼は捉えた（「民衆娯楽の発達」1920g・『民衆娯楽問題』1921所収4頁）。つまり資本主義社会体制の一応の確立が生み出した新興無産階級である民衆の関心を最も引きつけたのは活動写真興行であり、「娯楽の企業化」の表れであったとみた。

資本主義社会体制と民衆娯楽

　資本主義社会体制に基づく「暇と金とに乏しい多数の民衆」と「集中した資本」による活動写真興行の関係に権田は目を向けた。民衆の労働は、大量機械生産に組み込まれることで「無趣味と単調その物」と化し、その生活は「慰安を得べく残された時間が極めて切り詰められて仕舞つた」ゆえに、彼等は「極度の緊張を要し、強度の刺激を感受する」結果、その娯楽は「端的に、且つ短時間内に味ひ得べき内容と、低廉と簡便てふ形式とを具備する」ものである。「労働者はストライキをやつた時の感激を其の儘に、俸給生活者は首の心配でビクビクしてゐる感想を其儘に働かしめて、共鳴し同感し得る」ような「実生活の延長の上に形作らるゝもの」でなけ

ればならない（『民衆娯楽の基調』1922・14-15, 22 頁）。

　娯楽の要件として、「端的に、且つ短時間内に味ひ得べき内容と、低廉と簡便てふ形式」を強調するのは権田独自の視点であった。このような民衆娯楽は改善や取締の対象にされた。権田によれば、問題なのは、民衆娯楽の改善ではなく、民衆の生活が「廉価といふことを標尺としなくてはならなく」かつ「明日の為めに活き、明日を予想して生くるを得ざる」ゆえに、「当然刹那的とならざるを得ない」ところにある（「民衆生活の変遷と近代式民衆娯楽の誕生」1921e・『民衆娯楽の基調』1922 所収 45 頁）。

　彼等は、「強烈なる労働に対しては強烈なる刺激を与ふる慰安を以て、自分自身をリクリエートしなくてはならぬ痛切な要求」を懐いており、それは「単なる安静の睡眠だけ」では「到底期待する訳にはいかない」のである（52 頁）。「自分自身をリクリエートしなくてはならぬ」民衆にとって、娯楽を介して自身を取り戻すゆえに、「遊戯三昧、道楽半分の呑気な問題」ではなく、「人間生活に於ける真剣白刃の勝負」である（「娯楽の真剣味」1921g・『民衆娯楽の基調』1922 所収 155 頁）。

　活動写真興行をはじめとする民衆娯楽が供給側の営利主義に左右されることは否めず、批判の目が向けられるのも当然であるが、同時にその根底にある民衆生活の実態こそが問題対象になるべきである。権田の娯楽理解は、民衆生活から遊離して存在し得ず、彼等の生活が成立してこそ、娯楽たり得るというものであった。

第 2 節　国民娯楽論

1. 民衆娯楽から国民娯楽への過渡

　権田は、「民衆の好む娯楽」を事実として受けとめることを第一にした為、娯楽に価値を付与し、それを方向づけることに否定的であった。しかし娯楽三定説批判を経て、民衆生活が第一義的なものになってこそ娯楽の存在意義がみいだせると認識するようになった。したがって彼は、生活のありようが娯楽を決定づけるとして、民衆娯楽要求に連なる彼等の生活の実態

を解明した上で娯楽概念を構築した。それが本節で取り上げる国民娯楽論
に連なると考える。

『国民娯楽の問題』（1941）

権田は、「民衆娯楽の崩壊と国民娯楽への準備」（1935b）において、「伝
承娯楽の崩壊」、「娯楽享楽の特権消滅」、および「娯楽に於ける平衡運動」
をみいだし、それらが「大衆の生活を根底として其の上に新興娯楽が生れ
出づるといふことの準備工作であつた」と捉えて、その過程を民衆娯楽か
ら国民娯楽への過渡として解した（『国民娯楽の問題』1941・13頁）。『国民娯
楽の問題』の序で権田は、民衆娯楽から国民娯楽への過渡について次のよ
うに述べた。

「私が『民衆娯楽問題』の一書を編して世に送つたのは既に〔中略〕大正
十年の〔中略〕事であつて、其の当時は、〔中略〕大正三年〔中略〕に出した
拙著『活動写真の原理及応用』で指摘した活動写真の娯楽性大衆性が第一
次欧州大戦によつて昂揚された社会民主主義、経済的自由主義、個人主義
的自由主義の潮流に乗せられて、娯楽一切の範囲に展開し、其処に『民衆
娯楽』といふ一存在を創り出した」のであるが、「最近に於ける新しい事態、
支那事変によつて作り出されたとも云ひ得るし、寧ろその逆に事変そのも
のをすら生み出したとも云ふ事の出来る〔中略〕『時局』は、此の民衆娯楽
を止揚して、国民娯楽を生み出さうとしてゐるのである。」（序1–2頁）

民衆娯楽から国民娯楽への過渡に関して、権田は時局に注目したが、娯
楽が社会に存在する以上、「国民の娯楽及び娯楽生活」が「到底大勢の圏
外に超然たることが許され得なかつた」（序2頁）のは当然であった。問題
になるのは、時局に関する解釈を国家総動員体制擁護のためのイデオロ
ギーの一翼を担ったという点に止めるか否かにある。

したがって時局を視野に置きながら、権田の「大衆の生活を根拠として
其の上に新興娯楽が出づるといふことの準備工作であつた」（13頁）という
指摘に基づき、民衆娯楽から国民娯楽への過渡を以下注目した。権田はこ
の過渡として、①「伝承娯楽の崩壊」、②「娯楽享楽の特権消滅」、③「娯
楽に於ける平衡運動」をあげた。

①伝承娯楽の崩壊

権田は次の点を指摘した。

歌舞伎劇は、伝統的経営法のまま本格的な大衆化に向けて努力が認められないことから民衆を惹きつけることは不可能であり、「政府や府庁からの年何万円かの補助金で国粋保存の任務を全うする」か「少数特種の愛好者の間にのみ保存せらるゝ演劇博物館の一部門としての存在に化する」であろうこと（3-4頁）。

寄席は、「ラジオの電波に乗つたり、劇場の大舞台の上でなり、〔中略〕映画館のステージの上でなり、新しい講談、新しい落語が、江戸趣味とは可成り縁の薄い連中の前に提供される」こと（5頁）。

相撲は、「問屋筋の大商人とそれに連なる芸者達によつて大部分を占められて」いた「雛壇」の客ではなく「二階三階四階を埋め尽した大衆の熱狂を獲得することが、最も主なる眼目とされるに至つた」こと（6頁）。

権田は「新しい大衆の生活心理」に基づいた娯楽の新たな展開をみいだした。

②娯楽享楽の特権消滅

権田は「伝承娯楽の崩壊」と関連づけて「どういふ階級にふさはしいとか、どの身分階級を象徴するとかいふやうな趣味とか娯楽とかは消えて行く」として次の点を指摘した。

囲碁が大衆一般へ開放されたこと。

競馬のようなスペキュラティーブな娯楽も階級問わずそれ相応に一種の快感を味わおうと関心を集めていること。

盆栽や鳴禽の飼育等は「最早金持ちのお爺さんのみの仕事ではなくなつて」労働者による工場娯楽の一種の催しになっていること。

スポーツの一般化は著しく、特に野球は最早学生の専有物ではなくなったこと（8-9頁）。

娯楽は道楽ではなく、誰がそれを楽しもうと問題ではないのである。

③娯楽に於ける平衡運動

権田は、都市娯楽享楽にみられた平衡運動と農村娯楽の都市娯楽化を指摘した。

都市娯楽享楽にみられた平衡運動

「高級趣味が大衆化し一般化」することについて、西洋音楽がレコードやラジオ放送でもって普及が加速されたこと。

大衆向のものが高級大衆化することについて、映画が活動写真から「多数の社会人の嗜好にアッピールする『映画』にまで上昇した」こと（10-11頁）。

農村娯楽の都市娯楽化

資本主義経済の確立に基づく社会経済制度の変革に伴い、「農村の生活は都市の生活を考ふることなしには其の存在を考へることが出来なくなつた」側面を権田は認めた。盆踊復興論や郷土娯楽奨励のみならず、都市娯楽に対する共感・理解を持つ必要を彼は主張したのである。

よって「其の土地独自の文化、農村文化を建設せねばならぬ」という点に対して「農村に先づ『映画』と『西洋音楽』とそして『ダンス』を入れよ！」と権田は述べた（12-13頁）。

新興娯楽の特徴

新興娯楽の特徴として権田は、①「伝統と差別とを脱却して、広き国民大衆の生活の上に築きあげらるべきもの」、②「特殊少数者の為めに存在するに非ずして、其の目標は国民大衆生活の愉悦にある」ことを指摘した（13-15頁）。

新興娯楽とは国民娯楽であり、「国民大衆の生活感情から離脱した」ものは「消滅せねばならぬ」ゆえに、それは「生むもの」も、「導くもの」も、「大成せしむるもの」も、「巨人の歩みのそれの如き『国民生活』そのもの」であると彼はみた（15-16頁）。

「民衆娯楽から国民娯楽への過渡」の解明において、国民生活が以前にも増して高い比重を占めたのである。

都市労働者生活の問題

権田の民衆娯楽における民衆とは、所謂新興無産階級、すなわち都市労働者を意味した。『民衆娯楽論』（1931）で彼は都市労働者の生活について

次の点を批判した。

[1] 生活の単一化

経済的に窮乏した彼らの生活が「強制さるゝ長き且つ絶えざる労働」と「自由に得られざる短く且つ超季節的な休養」から構成されていたこと。それが生活の単一化を招いた点である（223頁）。

[2] 生産生活の捨象

「近代に於ける生活解放の思潮、大衆主義」が、各人自由に「同等の権利を以て、その生活を建設し享楽する」ことを可能にしたこと。その一例としてモダン生活が指摘さるが、これが「労働比較的均衡を得、労働に裏付けられた生活」を基盤とせずに展開されることから「生産生活を捨象」している点である（104頁）。

①生活の単一化には、「休養の時間が極めて短かく且つ自由に之を作り出し得ない」ことから要求される娯楽が廉価であり、その内容が一般了解性と一般趣味性を有するゆえに、娯楽の民衆化の拡大に伴う娯楽の没個性化を権田はみいだした（228-229頁）。

②生産生活の捨象については、「労働生活と絶縁」しているゆえに、労働生活とは縁のないものであってこそ、その体現が可能である点を彼は問うたのである（106頁）。

2. 国民娯楽観

権田は国民娯楽の理念として、①「国民生活全体の上に成り立つ」点、②「勤労生産を基礎として其の生活の拡充強化の為めに打ち樹てられる」点を、その機能として「慰安的、厚生的、文化的」を掲げ（『娯楽教育の研究』1943・20-21頁）、「其国民と云ふ字をつけた所に非常に意味がある」として次のように語った（「国民娯楽について」1944・22頁）。

「国民娯楽と云ふのは、国民の娯楽と云ふ位の簡単の意味ぢやない。国民の持つてゐる娯楽と云ふ丈ぢやないんですね、それは丁度娯楽を社会学的にみて来ると発展があるのです。」（同前）

国民娯楽の前段階としての民衆娯楽

　権田は「民衆娯楽と云ふ一つの考へ方が出る前に、矢張りさうでない娯楽があつた」として民衆娯楽からの発展として国民娯楽を位置づけた（同前）。

　民衆娯楽について、民衆がやるという意味の民衆の娯楽とは違うこと、「民主主義と云ふものが元になる娯楽」であることを権田は強調した（23頁）。

　民主主義とは、「資本主義経済組織が生み出した無産階級の生活と意識とに根柢した」もので、「近代社会生活が産み出した新しい社会現象」である（「民衆娯楽」1930b・1117頁）ゆえに、民衆娯楽を所謂デモクラシー運動の一つの現れであり、社会問題であると権田は認識した（「民衆娯楽」1939a・2212頁）。

国民娯楽の目標

　この段階から発展した国民娯楽は、「簡単な意味で国民の娯楽、国民が楽んでゐる娯楽」ではなく、「国民主義即ち国民全体を元にする所の、国民生活に基礎を置く所の娯楽」であると権田は述べた（「国民娯楽について」1944・23頁）。

　国民主義は国民全体を元にする国民生活に基づくが、国民生活のもとになる国民全体が強調されることで特権的な考えや特殊階級の利益や幸福は否定されることになる。

　したがって国民娯楽の目標は、国民全体の幸福、国民全体の発達にあり、特権階級のそれとは異なるという理解には、彼の民衆運動を「被掠奪階級の掠奪階級に対する反抗運動」、すなわち階級闘争だ（「民衆文化主義の展開」1920d・53-54頁）と捉える視点が反映されている。

国民娯楽の機能

　民衆娯楽が依拠するデモクラシーの「一般の民衆、文化的な考へ方、特権を打破する」という目的には、国民娯楽において権田が主張する国民主義に立脚する「国民的な性格、計画性」がみいだせず、それが両者の相違点だと彼は述べた。

時期的にみて、権田が国民娯楽を戦時下の国民生活との関係で捉えなければならず、国民娯楽の機能として「慰安的、厚生的、文化的」を指摘したのである。

　[1] 慰安について

　「此の慰安的であることは、それが消費逸楽の生活者の生活を擽（くす）ぐる為めの甘美な麻痺的なものであつてはならぬ」ことを前提に「国民全般の生活に、勤労生産の生活に立ち働く国民に対する慰楽となり、勤労に基く消耗即ち疲労を回復し、心身の減衰を補充して逞しき精神と肉体とを獲得させる根基とならなくてはならぬ。」（『娯楽教育の研究』1943・21頁）

　娯楽において楽しむことに加えて、「人を慰めて休ませて、疲れを癒し、こわばつた所の骨や身体をほぐしてやる」意味から、国民娯楽の機能として慰安は掲げられた。

　慰安は、時代を色濃く反映し、疲れを癒すことを目的とするゆえに、積極性に欠ける。しかし娯楽は人間生活に立脚し、社会の動向から自由ではあり得ない。権田が国民一般の生活を成立させる意味で娯楽の機能として慰安を主張したのは、時局下にあろうとも生活を営む際に娯楽が慰安という形であれ、必要不可欠だと捉えたからである。

　[2] 厚生について

　「国民娯楽は唯だ単に眼前に生じた消耗を填高を所期するといふ事に終るべきではなくして、更にそれは、歓喜を通じて新しき創造の力を国民の生活の間に創り出させるものでなくてはならない。」（同前）

　権田が「力を創り出す」意味で提唱した創力は、「戦う国民、国民生活に於いて建設する」という現実を前提に置きながらも、「今日に失はれたものを取り戻す」のみならず、「娯楽が与ふる創造的な力によつて明日への創造が盛り上つて来る」意味から導き出された（21–22頁）。

娯楽と国民生活

　権田は娯楽再創造説に批判的であった。彼は再創造説が「生産の効果を増大せしむる為めの娯楽」、「生産中心の思想に根柢」する点を批判的に捉えたゆえに、「創造の為めの娯楽」、「創造の為めの生産」を基にする「人

間生活の創造の為めの娯楽」を主張したのである（「社会生活に於ける娯楽の一考察」1924b・『民衆娯楽論』1931 所収 48, 50 頁）。

　他の何かのためではなく生活創造を娯楽の目的に据えた権田は、民衆を被掠奪階級と捉え、娯楽は彼等の基盤を形成するもの、その生活、生存の一部をなすものと解した。

　ファシズム期に、権田が娯楽の機能として慰安や厚生を指摘したのは、娯楽が「人を慰めて人を休ませて、疲れを癒し、こはばつた所の骨や身体をほぐしてやる」ことで、「今日働いてマイナスになつたものを補ふ」と同時に「明日への非常な働きをする力」を創り出す創造的な面を担うもの（「国民娯楽について」1944・24 頁）と認識したからであろう。

　しかし「戦ふ国民」に象徴される時代において、「ヨリよき明日の建設への旺盛なる意欲が湧き上つて来るやうにあるべきである」という権田の主張は、「今日の国民に与へられて居る大きな仕事、聖戦と云ふものをなし遂げ、大東亜共栄圏を創り上げる大きな仕事の為」（25 頁）につながる。当時の日本国内は「大きな戦争に勝ち抜いて、此聖戦の目的を達成する」方に向かう、国民生活そのものであった。

　権田が提唱した「人間生活の創造の為めの娯楽」には、「何処までも『事実としての民衆娯楽』を突き詰めて、其処に始めて政策を樹てねばならぬ」（『民衆娯楽の基調』1922・序 1-2 頁）という信念が表れた。「事実として」の娯楽次第で「政策として」のそれは構築される。したがって生活状態によって創造に求められる意味内容は異なるだろう。

国民娯楽の機能としての文化

　権田が国民娯楽の機能として指摘した文化は、「人間として根本的な情操を豊かにする、意志を堅固にする、智能を発達させる、人格を完成させる」（「国民娯楽について」1944・24 頁）ものであった。

　「国民生活の状態から云へば、働く事は出来る丈働く。最後の力も国家に捧げると云ふ事が必要であるので〔中略〕、消費の方面から云つても、各人々々が勝手気儘に生活を営む事は許されない。〔中略〕国民と云ふものは非常に押しつけられて了ふ、〔中略〕さう云ふ悪い条件をぶち破らせるのに

色々な事が考へられるのですけれども、一番手近であり、一番広く使ふ事が出来て、一番に早く割合に効果の現れるものと云へば娯楽と云ふ事が考へられる。」（26頁）

時局が要請する「生産能率の増強、増産」は、勤労生活に肉体的、精神的ともに消耗をもたらし、国民生活そのものを危うくするゆえに、国民生活における娯楽が求められる。権田は国民生活における娯楽の問題を次のように述べた。

映画鑑賞の際に「只単に受け入れる」のではなく、「自分の所に如何にして、村なら村、職場なら職場、地域には地域にどう云ふ風に採り入れたらいゝか」をめぐり、創意を働かせると「与へられた娯楽」から「真実の娯楽」になる（26–27頁）。

それは「現在の国民の生活」に立脚する。勤労と余暇からなる生活のうち、勤労生活において勤労時間はほぼ一定であるのに対して、余暇生活は「個人に任された処の自由な生活」であるゆえに、その過ごし方が勤労生活に影響をおよぼすと彼はみた。娯楽等で余暇生活を「うまく整へる」ことで「勤労者の生活全体にうまい生活序列が、正しく出来上つて来る」という。彼等の「生活内容を豊富にして、充実させ」、国民生活の積極化を可能にすると彼は考えた（「国民生活と娯楽」1942・83–84頁）。

国民娯楽における慰安、厚生、文化を通して権田は、①「勤労生活に基く消耗を除去する」こと、②「生活の序列を正しく整へる」こと、③「生活内容を豊富にして、充実させる」ことを導き出した（84頁）。

3. 余暇観・労働観

権田は、民衆娯楽提唱期における余暇の一般的な捉え方について「工場生活者の余暇構成」（1940a）で次のように述べた。

資本主義経済体制のもとでは、「労務者を慰撫する為めの一種の娯楽の如きもの」であり、かつ「徒らなる題目にすぎなかつた」為、余暇善用という感が強かった。

ゆえに、「貨財生産の数量にのみ労務生活の価値判断の目安が置かれて、労務生活の基底を成してゐる労務者の生活、更に国民生活一般に至つては

括として顧みる所が無く、『物』と『数量』とが唯だ独りのさばり出でて、『人』と『実質』とは全く貶せられてゐた」(『国民娯楽の問題』1941・159-160頁)。

この場合の「人」と「実質」とは、労務者の生活を意味する。しかし戦時下の統制主義的全体主義にあって「国民としての労務者の生活」、特に余暇問題が「全く新しい意味」で、慰楽が「極めて真剣な切実さを以て」論議の対象にされたと彼はみた(160頁)。

余暇の課題

これは、労働と遊戯の関係を追究してきた権田には新しい課題ではなかった。「労務者生活に於ける有意義」、すなわち「労務人格の完成」という観点(160頁)から、余暇を「単に勤労生活によつて招来されたる疲労を回復する為めの休養の意味に終始するものと為すべきではない」と権田は考えた。ゆえに、「労務者の生活に対して遙かに重要なる課題を担ふもの」と捉えた(同前)。その課題は、①「余暇生活の調整による生活全体の正常化」、②「余暇善用による労務生活の昂揚」、③「余暇善用による労務人格の完成」であった(162, 164-165頁)。

①余暇生活の調整

勤労の時間と余暇休養の時間からなる生活のうち、余暇の時間を「相当の重要さ、長さ」でもって生活に序列化する。その内容は「当事者の生活及び趣味性に極めてしつくりと合致したもの」に相当すると権田は述べた。余暇は「無為無能なる空虚の時間」や「勤労時間の間隙に唯だ勤労活動の都合のまま」に「恣意的に析出された半端の時間」ではなく、「労務者生活全体を調整する機能」を持つ(162-164頁)。

②余暇の効用

余暇認識を改めることで「健全なる生活意識」、「安定せる生活情感」および「明朗なる生活意欲」が労務者の生活にみいだされる。結果「労働能率の増進と労働力の維持培養」がもたらされるゆえに、「許さるゝ限り長きことが望ましい」と権田は述べた(164-165頁)。

③余暇と人間形成

労務者は「日々邁進する社会」に生き、ゆえに彼等の人格的修養、自己

形成する機会が要される。もちろん「労務生活其のものゝ中に己に其の豊富なる機会と生ける資料とに接し得る」が、それに加えて「規制ある生活機構」と「均斉ある生活態度」が「労務人格の完成」に向けた要件であると権田は指摘したのである（166頁）。

権田による余暇善用の提唱が、勤労活動ではなく「労務者の人格完成」を第一義に捉えた点に注目したい。彼は、余暇生活と勤労生活が結びつくことで、労務者が生活に意欲と情感をみいだすと述べた。

労務者の生活において余暇善用が意義を持つと主張した権田は、慰楽に注目した。具体的には次の通りである。

①「興行物的娯楽の適切なる享楽」によって「趣味性の陶冶向上」を期すること、②浪花節、小唄、俗謡、流行歌によって「和やかな心の憩ひと優しい気持の動き」を享受することで「粗野空疎の世界から脱出」が可能になること、③芸術に触れる機会により「芸術的情調」に接し得ること、④和歌、俳句、川柳等の文学的楽しみは「情操の浄化」に資すること、⑤囲碁、将棋等の楽しみは「社交性の涵養に貢献する」こと、⑥運動体育スポーツは「健全なる体躯と剛健なる精神」を所期すること、⑦旅行、ハイキングは労務者および家族に「我が国土の美、我が郷土の美」に親しく接する機会をもたらすこと。

こうした娯楽の機会が一労務者のみならず、一事業場、一工場、一鉱山単位で一丸となって提供されるのであれば、「利害対立的な埒を撤去せしめて、和楽に融け合つた協同的社会」が構成される（169–170頁）として、労務者教育および経営協同体の教育の可能性を権田は指摘した。労務者教育の「広汎なる手段の一部」である余暇善用は、娯楽問題の一部と権田は捉えた（174頁）。個人として、また共同の喜びや楽しみを生み出す余暇善用である。

生活の積極化

戦時期「労働能率の増進、労働力の維持培養」が強調された点について、権田は「時局下産業界に於ける厚生運動の意義」（1940b）で次のように語る。

「労働能率と云ひ又労働力といふ事からして一見唯だ人が働く事ばかり

が問題となるやに思はれるのであるけれども、成る程その『働く』といふ事が目標であり、『働く力』『働く能率』といふものが最後の目当てゞあることは何等の疑義がないにしても、此の要求されてゐる事柄の解決の為めに、唯だ働く事だけを考へてゐることは間違であると云はねばならぬ。」（『国民娯楽の問題』1941・179頁）

　権田は、「労働能率の増進、労働力の維持培養」は何を要求しているのか、働くことで解決し得ることなのか否かを捉え直す必要性を指摘した。働くことの背景および条件について無自覚であるのは、自分の生活に無関心でいるに等しい。ゆえに、勤労者の生活の積極化が求められる。それが「労働能率の増進、労働力の維持培養」を達成する（同前）という。

　[1] 生活の積極化

　勤労者生活の積極化は生活の消極的側面（不道徳および生活力消耗の問題）の原因を取り除くことにはじまる。生活の平衡および整調への努力が勤労者に「平静な心身の状態」をもたらし、彼らの生活の内容を豊富かつ向上させる（同前・180頁）。疲労に苛まれた生活においてそれを除去することに努めるならば、マイナスである生活の循環であり、労働はその中で作用するに過ぎない。そこでプラスの生活に向けて労働を捉え直すべきではないかというものである。

　[2] 勤労の定義づけ

　生活は勤労生活と余暇生活からなる。勤労生活は勤労と勤労環境とに分類される。勤労者の本質的基本的な生活表現である勤労は「優秀なる勤労、完全なる勤労」として「有為なる国民たり得べき為め」の第一の資格とされた。

　ゆえに「勤労者の生活に於て此の『勤労』が十分に遂行され、最も有意義に最も完全に展開し得る」(180頁)ことを権田は課題とした。すなわち「勤労の為めの好適なる条件の整備」、「勤労技術への習練、勤労生活の為めの訓練」、「転職の防止」、「勤労心の昂揚」、「産業報国精神の涵養」である（同前）。「安心して愉快に遂行し得せしむる為め」の環境を創り出すことが勤労環境の目的であり、職場における災害防止および安全設備、勤労環境の整備および美化の実行を権田は指摘した（181–182頁）。

第2節　国民娯楽論　　113

[3] 労働と労務者の関係

　権田は「国民娯楽生活の浄化と向上」（1939b）で、「殷賑産業の大活況とそれに要求せらるゝ労働力の大需要」が労務者に対して強度の労務生活を強いたゆえに、彼等に疲労の増大と自由および休養時間の圧迫が生じた状態を「娯楽なき生活」とみた（『国民娯楽の問題』1941・106-107頁）。

　その一例として、権田は国民精神総動員運動下の健康週間の標語「国民挙つて結核予防」や「守れ純潔、罹るな性病」をあげた。「長期建設の鴻業」を前に、銃後に「緊張と厳粛な生活」を営み築いて行かねばなない「現時緊急なる局面」にある国民に対して、これは「余りに無残なる呪文」だという（同前・103頁）。

　「余暇の閑却によつて過労の回復を顧みなかつた」こと、かつ「余暇の誤用による不倫不健全享楽」がその原因としてに問われなければならない。しかし娯楽について、ほとんど顧みずにこうした労務生活を強要することは、国民に「不規律なる生活享楽の態度」を生じさせる。

　勤労生活と隣り合わせに彼等の余暇生活がある。「健全明朗なる表現」（娯楽）を出現させられるか否かによって「天地霄壌の差」が生じる。「生活即ち余暇生活」を調整し「最も有意義に組織化し構成すること」が重要になると権田は考えた（「時局下産業界に於ける厚生運動の意義」1940b・『国民娯楽の問題』1941 所収 184-186 頁）。

娯楽を研究すること

　「勤労生活を十分に伸長せしめ、それに完全なる意義を得せしむる」余暇は「健全明朗なる表現」としての娯楽を生み出す。よって余暇善用のありかたが考究される。その際、娯楽という「自己目的的な自由な心的態度」に立つものに対して行われる点（「娯楽統制の必然性とその限界」1938c・『国民娯楽の問題』1941 所収 63 頁）に留意するべきだと権田は考えた。

4. 大衆性と指導性の関係
民衆娯楽における「新しさ」

　権田は、民衆娯楽の登場経緯について、「娯楽統制の必然性とその限界」

（1938c）で次のように捉えた。

「娯楽問題が一個の社会問題として成立した」のは、「欧州大戦後の社会状態に胎生して出現した」為であり「その歴史は極めて新しい」。

欧州大戦後「文化生活基準を高揚せんが為に凡ゆる領域に民衆化の運動を起した」中で、「従来特殊階級の間にのみ娯まれ」、「娯楽その物に固着してゐるかにさへ見られた娯楽特権性が解消されて、各種娯楽の民衆化が行はれた」ゆえに、「伝統と慣習とに立つ強みがない丈け又却つて新興社会階級の生活意識には最もよく合適した」新生娯楽が「一般大衆の娯楽対象の主流にまで推し上げられた」（『国民娯楽の問題』1941・64頁）。

民衆娯楽は、民衆化運動により獲得された機会均等の表れであり、娯楽特権性の解消により伝統や慣習に囚われない新しさを軸とする、新興社会階級の生活意識を反映した。また「伝統や慣習とに立つ強味」に欠け、社会状況に左右されやすい。

民衆娯楽の拡大は「其の個性を喪失して行く」ことであった。「享楽者の範囲が限り無く拡大されて、娯楽を宛行ふべき対手方が無限に増大した」ことで「提供すべき娯楽の形式内容を決定すべき対象が無くなつてしまつた」と権田は解した（65-66頁）。

自分が何を楽しみたいのか、それはなぜなのか、無自覚なまま民衆娯楽の「大衆性の高調と拡充」に取り込まれると、娯楽を提供する側が民衆より優位に立つ。決定権は娯楽提供者側の手中にあり、営利主義に基づく興行が提供する娯楽内容は享楽者の趣味需要とは無関係である。「大衆ならざる他の少数者、即ち娯楽資本家」によって決定され、製造、配給された商品娯楽において「大衆性娯楽を享楽する」状態に権田は警鐘を鳴らしたのである（66頁）。

活動写真研究における問題意識

この点に関する彼の問題意識は早い時期から存在しており、それが彼の活動写真研究であった。『活動写真の原理及応用』（1914）からまとめる。

[1]日露戦争以降の活動写真への高まりは様々な波紋を巻き起こしたが、やはり「現代の人々が活動写真に深い興味を感じてゐる」という事実を拒

めないこと（8頁）。

[2] 現代人の活動写真に対する一感想である「困つちやつた、僕は、此の頃活動写真が大すきになつてねー。多分趣味が堕落したんでしやう。これでは成らぬと自分で思つて居ながら見ればやつぱり面白いものですね」に注目したこと（9頁）。

[3]〔活動写真に対して〕世の中の教育家だとか、風教を注意する方だとか云わるゝ人は汚がつて手にも触れない」中で「低級なお客様が一番肝腎なお得意様になつて」、「活動写真といふものが段々低い方へ低い方へと落ちて行く」とみなされた状況をいかに把握するのか（12頁）。

[1] は、活動写真が民衆を惹きつけることについて、なぜ彼らが娯楽を欲するのか、その生活の根底にある問題の解明に連なると述べた。[2] は、活動写真への注目は新たな趣味であると捉えて、彼らの現代生活における新たな一側面を指摘した。[3] は、活動写真が教育および風教上、取り締まりの対象にされた点に対し、何が求められる教育内容、価値判断なのか、その再考を促した。

生活に根ざした民衆の欲求が問題意識を創出させる。教育内容および価値判断の基準は変遷をたどる。したがって社会的事実に目を向けるべきだと権田は述べた。

大衆化の進行

大衆化の進行について権田は「娯楽統制の必然性とその限界」（1938c）で、次のように問題を捉え状況を危惧した。

「娯楽といふ如き国民の日常生活と最も関係が深くして且つ国民の情意に直接相響き、国民文化に深き関係を有するものに対して営利主義的原則が決定権を所有してゐる」

「営利主義的経済は大衆の現在に於ける最も低度の興味を目標として、之れに阿附迎合することにより最も多くの利を獲得せんとする」

権田は、「国民一般の文化水準を低下せしむる影響」こそあれ、「之を昂揚せしむる何等の力をも有するものではない」とみた（『国民娯楽の問題』1941・66-67頁）。

「娯楽の企業化」に伴う「営利主義的原則」が大衆性の方向を決定づけるのは、「大衆の現在に於ける」興味にそのまま迎合することである。そこでは利益の獲得が第一になろう。

しかし権田は大衆性が現在の彼等の興味関心を反映する点を重視した。大衆の興味関心は生活に根ざした欲求の表れでもあり、その実態把握が必要である。たとえ現在「最も低度の興味」であっても、そのままとすることはない。よって「中央集権化された現在の娯楽機構の中心的位置を占むるもの」について考慮が要されると権田は解したのであろう。

娯楽における指導性

権田は、指導性の問題として「全体主義的指導精神」を指摘した。「現時局によつていよいよ其の濃度を深めた」が、「時局が生み出したものではなく」、「寧ろ現時局そのものをも必然的に招来した」大きな勢力であると彼はいう（同前・67頁）。

「民衆娯楽なるものは欧州大戦後の社会状態を母胎として、当時の民衆主義にはぐゝまれ、娯楽の大衆化として生誕した事は事実である。而して旧時代の娯楽の特権性を打破し、娯楽に大衆性を付与して、之を広く国民生活の間に放つた事は〔中略〕貢献であつたと為し得る。」

「唯だ此の大衆性のみに終始せねばならぬと考へた民衆娯楽は、〔中略〕それが集成した娯楽的大量需要の一切を挙げて娯楽営利業者の好餌と化せしめられて、国民大衆の娯楽は〔中略〕自由主義経済の機関によつて左右せられるに至つたのである。斯くて大衆の漠然として好む所を唯一の目当てとして、之に違はんことを之れ畏れて之に迎合する以外の何物をも考へないでゐる。」（73頁）

なぜ「唯だ大衆性にのみ立脚せる」民衆娯楽的考え方は問題になるのか。「国民生活的理想に赴くべき」方向を視野に入れなかったからではないかと権田はみた。

したがって「大衆の個々の小乗的な娯楽性に迎合する」状態から、「全体の為めの個体、全体の中に於ける個体、個体を超えて存する全体と云ふ大乗的な考へ方」への移行は「全体の為めに個体個々の娯楽を止揚し、全

体の存在目的の為めに個体の娯楽生活を統制し指導」することだと彼は述べる（73–74頁）。

権田は「全体主義的指導精神」を「時局が生み出したもの」ではなく「寧ろ現時局そのものをも必然的に招来したと云ひ得る」ほど大きな勢力と捉えた。つまり娯楽の大衆性が「時代の精神に動かさるゝ所最も多く、現在の娯楽機構を指導性によつて統制せんとする」状況を導き出した。つまり「娯楽統制への素地己に準備され、而して此処に娯楽統制への刺激が現はれた」ゆえに娯楽統制の必然性が生じる（67頁）。時局がもたらした全体主義とは別に、娯楽における指導性の必然性を彼は認識したのである（同前）。

新興娯楽の発達

権田は「娯楽の生産と分配と消費の均衡」を考え「娯楽の生産及び分配の機構の革新」を指摘した。「娯楽そのもの即ち娯楽物の形式内容」および「娯楽享楽の態度、即ち娯楽生活」の革新が可能になるという（同前・74–75頁）。

「国民大衆の間に於ける娯楽への強烈なる欲求を満足させる」

「国民大衆がひたむきに思慕してゐる新興娯楽を十分に発達せしめ且つ之を国民大衆の間に遍通せしむるやうに施設すべきである」（75頁）。

権田が、「個人の私的興味に拠る私的享受」から「公的目的に準じた公的享受」への移行（「娯楽の新体制」1940c・『国民娯楽の問題』1941所収135頁）として「個体の恣意に煩はされず全体の意志に合致」させる必要を指摘した。「重役はゴルフを楽しみ、労働者は漫才を楽しみ、事務員は映画を鑑賞する」のではなく「相等しく同じ気持に融け合つて享受する事の出来る」ものだと彼はいう（同前・134頁）。

娯楽を「チャンバラ映画、低俗な漫才、浪花節、歌謡曲、カフェー」などと捉える傾向を「臆断に満ちた予備概念」であると問題視した権田は、娯楽を「飽くまでも発揮せしめ、十分なる完成の域に達せしめなくてはならぬ」と述べた（「健全なる国民娯楽」1941・『国民娯楽の問題』1941所収138頁）。

娯楽統制について

権田は娯楽統制について「到底指導性のみを認めて、大衆性を忘却することは許され得ない」ことを指摘した。

「民衆娯楽には二個の属性があつて、その一は大衆性であり、其の二は指導性であると云つたが、その両属性にはその発生上の根拠によつて夫々に特異の点がある。」

「娯楽の統制は民衆娯楽発達の現状に於て〔中略〕敢行さるべき必然性がある。然しながら此の際、忘らるべからざる事は其の大衆性である。大衆性を離れて、何の娯楽があり得ようぞ。否、それを忘却して、何の指導性が考へ得られようか。娯楽統制は断じて独善居士の仕事ではないのである。」（「娯楽統制の必然性とその限界」1938c・『国民娯楽の問題』1941 所収 68 頁）

［1］大衆性の発生の根拠

民衆化運動の潮流は「娯楽特権性」に対する批判を生み出し、「個人の絶対的自由」に基づいた娯楽を享受し、「個人の好尚と趣味とが窮極目標」である娯楽を取捨選択する。

［2］指導性の発生の根拠

「個人の生活能力を増進」し、「個人の生活内容を豊富にし」、「個人の人格的完成を所期すること」で、「個人の集積である社会全体の進歩発達に資しよう」とする（「娯楽の新体制」1940c・同前所収 133 頁）。

権田は、統制（指導）が娯楽という「自己目的的な自由な心的態度に立つもの」に対してなされることに「一種異様な感じ」がすると述べた（「娯楽統制の必然性とその限界」1938c・同前所収 63 頁）。

5. 民衆娯楽の解体

日中戦争以降の娯楽

権田は、日中戦争（1937）以降「国民生活に於ける娯楽の地位」は「急激な動揺と変転とを験せしめられた」と述べた。国民は「一時殆んど娯楽とは絶縁した生活を送つた」ゆえに、「娯楽といふ考へが寸毫も脳裏に浮び得なかつた」のであり、「仮令浮び得たとしても、それは考へる事だに不埒千万な事柄である」生活に置かれた。

娯楽を「不都合なり」として「蔑視し軽視する観念」や「不当なる抑圧をさへ加へんとする態度」が生じたことを権田は「国民生活と娯楽との合宜的なる健全なる結び付きを疎隔せしめ」た結果であり、「却つて娯楽生活の紛乱と昏迷とを生せしむるに至り、長期に渉る建設を目指す聖戦の完遂に不都合なる国民生活の不健康さ不健全さを招来する」ものであったと述べた（『娯楽教育の研究』1943・57頁）。

　権田は「戦争と娯楽」（1938b）において、「事変の勃発によりその進展に伴ふ所の娯楽界及娯楽生活の推移」（180頁）について次のように捉えた。

戦局における第一段階

　[1] 権田は事変勃発後の国民生活における娯楽について「突然の時局の展開に当面して国民の娯楽生活活動は急停車をした」と述べた。

　「街の紅い灯の影には可成りのさんざめきがあり、海浜の夜は、篝火の周りに東京音頭で更けて居た」こと、「蓄音機店の流行小唄」、「ハー小唄やネー小唄、何々歌謡曲と称するものをスピーカーで往来に振り撒いてゐたラヂオ」や「各家庭に於ける琴・三味線といふやうな遊芸」や西洋楽器等が「忽ちに鳴りを鎮めた」ことについて、権田は「時局に対する遠慮」というよりは「国民一般の意識からは、全然さう云つた娯楽遊戯といふものが消え去つて〔中略〕国民は全身を耳にして〔中略〕戦争の展開を知らうと焦慮した」とみた（180-181頁）。

　[2] 国民の要求に応えるべく「ニュース映画の興行」が登場した。ニュース映画館は絶えず満員で次々建てられた点について、権田は、国民は「ニュース映画を楽しむのではなくして、これが己が知性と情感との満足を切実に発見した」のであって、「ニュース映画の鑑賞は決して娯楽ではなかつた」と述べる（181頁）。

　[3] 娯楽業者がニュース映画の盛況に注目した点について、権田は「時局に取材した映画や劇や歌なぞを以て、此の事変下の娯楽界に乗り出さう」という気運が高まり、「時局映画」、「軍事劇」、「軍歌調レコード」が生み出されたとみた（同前）。

　こうした状況に対して「国民大衆は僅かに或る種の満足を味ひ得た事は

勿論であつた」が、「それ等は唯だ渇した時の一杯の砂糖水の程度」であり、大量生産による「低度の興奮と貧弱な感興」を提供したに過ぎなかった。ゆえに国民に「幻滅と不興」をもたらしたと権田は述べた（183頁）。

戦局における第二段階

[1]「一切の国民生活の部門に於いてみると同じ『統制』が、甚だ力強くこの娯楽関係業務の上に、又国民の娯楽生活その物の上にも加へられ」たことについて、権田は「娯楽物及娯楽生活の上に更に現はれて来た一層の大きな事柄」と捉えて注目した（184頁）。

[2] 統制の対象として、権田は「国家的重大時局に当面して、国民の娯楽生活に最も大きな関係を有する」ものである「演劇映画の興行」の形式と、「カフェー、バー、ダンス・ホール、ダンス練習所等所謂享楽営業者とそれ等の施設を利用する享楽者」に対する「厳粛的な禁欲的な観方」を指摘した（184-185頁）。

権田は統制が「社会一般に、国民生活の全範囲に横溢氾濫して相当な効果を上げ得」て「国民生活の上に良好なる影響を与へてゐる事実」を指摘しながら次の点を主張した。

「国民の娯楽生活、而してこの娯楽生活の根柢たる国民の娯楽的欲求といふものを、ともすれば全然余計なもの不埒なものと解するやうな誤つた先入見や誤つた予断を以て、この国民生活の真剣なる事象に対すると、多くは統制の穿き違へや遣り過ぎが生ずるものである。」（187頁）

新興娯楽の誕生

権田は統制を通して「社会風教上一層考慮さるべき陰性悪質な享楽」を除外することと「国民の娯楽的欲求」を同一に捉えるのは不可能であると主張した。問題の本質は、「国民の娯楽的欲求」をいかに「国民生活の真剣な事象」と捉えるかにあり、「国民生活に於ける娯楽の真の指導」たる点だと彼は指摘したのである。

よって権田は「新しい娯楽認識」として、①劇に対する「重苦しいもの」から「軽いもの明朗なもの」への関心の高まり、②「緊縮を基調とした経

済生活に立脚する国民の生活」において「形式と伝習と見栄とに無駄な金を棄てる事の不合理」を自覚し「自分の本当の立場から自分に赤裸な興趣に相応した」ものを選択する点を指摘した（188–189頁）。

「娯楽なき」生活について、権田は関東大震災の際にみいだしていた。彼は「人間生活に於ける娯楽の切実さ重要さ」と「在来の因習的娯楽に対する」因縁を「重ひ切つて棄て去つて」しまうことで「真に自分の生活が欲求する娯楽を大胆に掴む」という態度が一般化されたこと、すなわち新興娯楽の誕生を指摘した。

娯楽に対する強い要求

権田は「銃後国民の生活に於ける娯楽の問題」（1939c）で、「時局下に於ける銃後国民生活に取つての重要なる一問題」として、「殷賑産業の関係者の生活と娯楽の関係」について注目した。

権田によれば、「三業地に於ける遊客は事変前に於ては職工三分、一般七分の割合であつたものが、事変後に於てはそれが傾倒して一般三分、職工七分となつたこと、少年工乃至独身職工にしてカフェー、玉突、喫茶店に通ふ者が多く」なった等の変化が生じた（18頁）。これについて「斯種労働者が娯楽を享楽せんとの強烈な要求を懐くことは寧ろ当然」であると彼は述べる。問題なのは「その強烈なる娯楽羨望の満足に対して唯だ彼等が思ふまゝに放置して何等頗る所がなく、何等之に対して施設する所なく」て、「其の赴くがまゝに任す」ことにある（20–21頁）。

殷賑産業の労働者は、「寸暇なく強烈にして刺激の多い労働」を要求される上に「休養慰安の為めに与へらるゝ時間の極めて零細である」ことや「彼等の収入は彼等が曾て手にした事もなく、夢想だにしなかつた程の多くの額」である、その「使ひ方について何等の訓練もない」彼等に「娯楽を選択し、慰安を求むるに際して正常健全なる娯楽に就くことよりも、却つて異常変態にして不健全なるものに走る」状況が生じるゆえに、彼等の娯楽の問題を捉え直す必要を権田は感じたのである（21頁）。

したがって①「娯楽生活に対する訓練」、②娯楽に対する「社会一般の了解」、③「娯楽に対する社会教育的施設の完備」が急務の課題であると

権田は主張した（同前）。

　[1]　人間が生活において「娯楽を思ひ娯楽を得んとする」意欲がある時に、その人の生活が「始めて平静が復帰し、心の平衡が持ち来ら」れるのであり、「その要求に適応する」娯楽が供与される時こそ、生活を「堅実にする」と権田は捉えた（19頁）。

　[2]　事変直後は娯楽はおろか、国民は各自の生活さえ忘却するような時流にのみこまれた感があり、戦時下「堅忍持久の地味な国民生活の構築」の中で娯楽に対する国民の要求は「以前よりも一層の強さを以て出現した」ことをみてとった権田は、それを「不純な現象」ではなく「人間の娯楽生活」が真剣なものであることを強調した（18–19頁）。

　[3]　労働者が「娯楽を選択し、慰安を求むる」際に「正常健全なる娯楽に就く」ことを可能にすることで彼らは自己を取り戻すと権田は解した。

娯楽教育の理念化

　『娯楽教育の研究』（1943）で権田は「常に対立的に相剋する範疇」であった教育と娯楽が「娯楽教育」として理念化された過程を記した。それは彼にとって「半生苦闘の記録」であった（序1–2頁）。

　[1]「先づ娯楽は曾ては人間の現実生活に於ける消極性を表はすものと考へられてゐた。それは所謂『道楽』であり、『暇潰し』であり、『遊戯三昧』の対象であつたのであつて、実生活を捨象した仮相の生活に現はれるもの、勤労の生活を隔絶した、働く生活とは全く無縁なる享楽消費の生活の上にのみ成り立つものであり、夢幻空想の世界の所産であると考へられてゐた」（1頁）

　[2]「国民生活の変革は国民の生活と娯楽との関係に全く新しい性格を付与させるに至つたのであつて、国民の生活に於ける娯楽の地位を転置させ、娯楽に対する考へ方を一変させるに至つた」（2頁）

　都市大衆生活からは、その生活の必然から生じた娯楽が大量の娯楽需要によってもたらされた「娯楽の企業化」のもと「営利主義的打算の対象」になった点を権田は指摘し、娯楽と都市勤労大衆の生活との間に「痛切なる相剋の関係」をみた（7頁）。

第 2 節　国民娯楽論　　*123*

　農村生活の「娯楽に対する強度の要求」とは「伝習的な郷土娯楽」のみ
では満足し得えず、それは「新興の都会的娯楽に対する限り無き欲求」で
あることを権田はみいだし、「新興娯楽の付与伝達」の貧弱さから農村生
活における娯楽要求の大きさと現状との間に「余りにも隔りゐる距離の大
きさ」を指摘した（11, 15 頁）。

　権田は、経済機構の変化に伴う「新しき国民生活」における娯楽の「必
須性必然性」をみいだすと同時に、現実にはそれが「甚だしく不満足なる
段階に存するものなること」を実感した。ゆえに「新しき国民の教育の上
に此の娯楽に就いての考察」の必要を認識した（15 頁）。都市大衆生活にお
ける娯楽に対する要求は一応の資本主義体制の確立のもと、その切実さが
明らかにされたが、彼等の生活はどのように変容したのか、問題の本質は
どこにあるのかという問いである。

　この点に関して権田は「娯楽の企業化」が大衆の娯楽に対する要求にお
よぼす影響を危惧し、農村においても同様だと解した。資本主義体制が「デ
モクラシーの一表現」としての娯楽問題を明らかにしたが、新たに「娯楽
の企業化」をもたらした。娯楽供給を公教育の役割という捉え方もあるが、
娯楽問題は供給体制で解決されるものではなかった。

　権田は公教育に対して批判的であった。公教育が人間形成のすべてを
負っているわけではない。その絶対化が強まることに危機感を彼はもった。

　大衆生活の必然性が生み出した娯楽要求と実態としての娯楽とのズレを
重くみた権田は「古き娯楽観念」を問い直し「新しき娯楽理念の成立」に
取り組んだ。

　「娯楽を以て個人が各自勝手気儘に自分の小さい趣味に応じて個人々々
思ひ思ひに楽しむものであり、然も其れは、国民一般の生活に直接関係す
るものではなくて有閑な富裕階級者のみの関心事にすぎぬものであると考
へる事によつて、斯かるものに就いてこれを真面目に考慮することは識者
のなすべき所のものではなく、それは二三好事家なり有閑者の任かすと云
ふ態度を一般識者の間に呼び起すに至るのであつて、為めに娯楽の問題は
注意の圏外に放置さるゝに至つたのである。」（19-20 頁）

　娯楽享楽に「個人主義的自由主義」（娯楽の特権性）と、娯楽供給に「営

利主義的自由主義」（娯楽の消費性）をもたらしたとみた権田は、「新しき娯楽理念」の確立に向けて、娯楽の教育性に言及し、娯楽における文化的機能に注目した。「国民が相偕に楽しむ」という「協同精神に立脚した倫理性」に基づいて「国民生活に文化の恵沢を導入する」ことである。ゆえに「国民文化の向上」において「教育的使命」を担う。

　この段階に至ってはじめて教育と娯楽が統合すると権田は捉えた（22頁）。大衆娯楽は個人主義、商業主義の問題をはらんでおり、拡大されると空洞化が進行する。娯楽における「教育」性をいかに認識するのか、社会教育において不十分であることを権田は指摘したのである（「民衆娯楽」1939a・2212頁）。

　　注

　　1　井上俊（1974）「解説」『権田保之助著作集』2・397-399頁。井上俊ほか（1986）「（座談会）娯楽を見る目―娯楽研究の視点と権田保之助の位置―」12-13頁。
　　2　鶴見俊輔（1976）「民衆娯楽から国民娯楽へ―『権田保之助著作集（全4巻）』―」285頁。
　　3　薗田碩哉（1978b）「『民衆』娯楽と『国民』娯楽―権田保之助の軌跡―」34頁。
　　4　津金沢聡広（1975）「解説」『権田保之助著作集』3・438頁。
　　5　薗田碩哉（1978b）前掲・35頁。

第4章

娯楽問題の追究と「娯楽公営化」構想

　権田は農村娯楽調査、労働者娯楽調査、学生娯楽調査に関与し、娯楽の動向を把握した。そこで本章ではまず権田が娯楽問題として指摘した、農村娯楽問題、労働者娯楽問題、学生娯楽問題に対する彼の視点に注目する。

　先行研究では、寺出浩司（1982a）は、権田の娯楽論を「都市の階層構造変動に基づく文化変動論」かつ「工場労働者の独自的な生活様式形成に基づいたその固有な文化形成論」とが捉えた[1]。権田が論じた農村娯楽や学生娯楽そのものを主題とした先行研究は多くはない。渡辺暁雄（1990）は、権田の民衆娯楽から国民娯楽への「変貌」に影響をおよぼした要因として「農村への傾倒」（農村娯楽論）をあげた。渡辺は、権田が文部省全国農村娯楽状況調査の実施（1930）に関わり、農村娯楽について言及した点をめぐって、その農村娯楽論は「実際問題として当時の農村の生活の中で、はたして成立しえたであろうか」、権田が「資本主義経済の農村への侵入に対し、もっと客観的姿勢をとっていた」ならば、「実際に農村に赴いて、その生活状況に触れていた」のであれば「農村の実生活と相響く形になっていた」のではないかと疑問を投げかけた[2]。渡辺（1998）は、権田の調査・研究領域が「都市から農村へ」移行したことで、その「階層的・地域的特性」が失われた[3]とみた。

　次に、民衆娯楽から国民娯楽への転換と関わり、権田の「娯楽公営化」構想について検討する。

　娯楽論の構築過程であるべき生活像や「良き娯楽」像を追究した権田に対して、彼が主張した娯楽の「自己目的性」（何かのための娯楽ではないこと）との関連から、権田の論の変質をいかに捉えるかいう課題がある。先行研究のうち、中鉢正美（1982）、寺出浩司（1983a）による指摘が示唆的であった。

中鉢（1982）は、権田の『民衆娯楽論』（1931）には「相反する二種類の思想が含まれている」とみて、これを彼の娯楽論の「二元性」と捉えた。権田が娯楽の「自己目的」性に着目したと同時に娯楽に対する「公共的規制の必要性」を合わせて主張したことに関心を寄せたものであった。この点に関して中鉢は次のように述べた。

「娯楽の自己目的性とその公共的規制の必要性とは、彼の場合にはなお十分に展開されないままに併列的に述べられるにとどまり、民衆娯楽はやがて昭和十年に至って国民娯楽の方向に転換されることとなった。権田が公共的規制の主体として具体的にイメージしていたのは主としてヨーロッパ各都市自治体であったが、自治体の公共的性格についての現実的な関心はしばしば国家の統一的な目的意識と同一化されてしまった感がある。」[4]

さらに中鉢（1982）は権田の娯楽論における二元性に「別の視点」をみいだした。民衆娯楽の特質として「興行的」、かつ「営利的」であることが前提であるゆえに、その大量生産、供給、配給の過程に権田が注目して提唱した公営概念について、中鉢は「私的営利性とも、国家的公共性とも異なる第三の公共的性格によって民衆娯楽の規制者ともなりうる」ものであり、その本質は「生産―分配過程と共存しながらも独自の性格を持つ生活過程」と捉えた[5]。

寺出（1983a）は、「大正中期から末期へかけて」の権田は「『社会事実』の観察調査に一意専心し、具体的な政策提言を行なうことを自らに対して封じている」ゆえに、「そこでの娯楽政策に対する発言は、当時の社会事業論者あるいは教育家によって提唱されつつあった娯楽政策案を、民衆の生活事実の立場に立って、批判的に検討するということに止まっていた」が、昭和初年代になると「『都市娯楽への社会施設及対策』の構想を打ち出すようになってくる」と指摘した。権田は「『悪戦苦闘』しつつ、自らの民衆娯楽論の針路を、娯楽実態調査から娯楽政策論へと意図的に方向転換させようとしていた」と寺出は捉えたのである[6]。

本章では、まず権田の娯楽調査の特質から民衆娯楽問題と社会教育の接点をみいだし、次に権田の娯楽政策論への展開として「娯楽公営化」構想について論じる。

第1節　農村娯楽問題への注目

1. 地方への関心
都市娯楽と地方娯楽

　権田の民衆娯楽論の主軸は都市の民衆娯楽にあった。

　彼は都市民衆娯楽について、「民衆娯楽」（1939a）において、①「近世資本主義発達の一産物であつて、無産階級に愛好せられ、享楽される」娯楽であること、②第一次大戦後の資本主義経済の一応の確立によって生み出された無産階級の存在や種々の社会問題発生に基づくものとみた。所謂デモクラシー問題の一つの表れとして民衆娯楽問題の提唱の中に位置づけたのである。「今日の民衆にとつては娯楽は最早や贅沢といふべきものではなく、寧ろそれは生活の重要なる一部分である」ことが論の主題であり、「民衆の娯楽に関する問題が社会問題とならざるを得ない」根拠とされた（2211頁）。

　権田には地方への関心が早い時期から存在した。権田は、「新島の盆踊─地方民衆娯楽の一研究─」（1921h）において、次のように述べた。

　「東京に生れて東京に育つた私は、地方の状況に就いて甚だしく迂であることは寧ろ当然なことで〔中略〕、其の結果として私は従来、私の貧弱な民衆娯楽の研究が、余りに多く、否な全然都会に於ける民衆娯楽の分野にのみ限られて居たと云ふことも亦止むを得なかつた」

　「私に取つて、村落の民衆生活の間から自然に生れ出した地方的民衆娯楽の本質とか傾向とか云つた様な豪い問題は解り様筈が無いのも、無理からぬ所である」（40頁）

　しかし権田は、都会地の「作り出して居る都会生活といふもの」の上に「一種の娯楽生活を都会民に寧ろ強要して居る」点に比して、地方地が「全人口の大部分を収容して、しかも其処には娯楽享楽の機会に甚だ乏しいといふ状態」にあることについて、「地方的民衆娯楽と云ふのは都会的民衆娯楽と云ふものとは、全く違つた意味合いからして、社会生活上極めて枢

要な問題である」と認識した（40–41頁）。

盆踊をめぐる問題

　権田は地方的民衆娯楽として盆踊の問題性に注目した。明治期内務省による盆踊禁止政策である。権田は、地方で盆踊見物の際に、それまで面白そうに踊っていた子どもたちに逃げられてしまったことについて触れた。理由は彼等が権田を「駐在署かと思つた」点にあった。「当時の当局の態度が絶対的に盆踊を禁遏した影響」がうかがえる（同前・41頁）。その後、伊豆七島新島で盆踊をみた権田は、「甚だ古雅な優美なもの」で「恐らく我が国に於て盆踊の最古の形式を保存してゐる」として、「地方に於ける民衆娯楽の最も代表的なるものとしての盆踊の進化とか推移とか、又それが有する社会生活上の価値とか云ふものを甚だ朧ろげながらも理解し経験し得た様に思う」と述べた（41–42頁）。

盆踊の推移

　権田は、新島の盆踊から盆踊の推移の特徴について次のように把握した。
　[1] 盆踊は「寺と各地方の役所（？）とを中心として発生し、其の初めにあつては極めて儀式の厳かなものであつた」こと、かつ「一番を踊り終るに三十分乃至四十分といふ長い時間を要する」ゆえに「其処で当然、次の踊をする前に適当の休息をせねばならぬ」こと。したがって「休息時間を利用して余興を行う」ことが考え出された（同前・53頁）。
　[2] 時代の変遷とともに「民衆が本来の盆踊の歌にも踊にも共鳴を感じなくなつて〔中略〕本来の踊は一種の儀式として保有されて、休息時間を利用して作り出された余興の、其の当代の生活を歌つた小踊が却つて民衆一般に興味を惹く」ようになったこと。よって今日の盆踊は、「本来の盆踊の余興」であり、「一般に共鳴される面白い小踊のみが主として歓迎されることになつた」こと（53–54頁）。
　[3] 新島の盆踊が「昼間—八つ時から暮れ六つまでの間に—男性のみの手によつて、寺の境内で行われて、然かも其の踊の場は極めて神聖な場所とされて、踊に関係の無いものの犯すことを禁じてある」こと。「盆踊の

禁遏」政策ではないか（54頁）。

[4] 権田自身が盆踊の概念を根柢から改造しなくてはならないと考えたこと。盆踊禁止政策に対する疑問である。「仮令新島に見る様な盆踊」ではなく、「今日内地に普通行われている盆踊」に対して、「これに弊害が伴うからと云つて、其の側面丈けを見て、其の側面の故に之を禁遏して仕舞う」政策は、「実際の事実を知らないで、貧弱な経験から抽象した概念を標準として」いるに過ぎないこと（54-55頁）。

地方民衆娯楽研究

権田は、新島の盆踊から地方民衆娯楽研究の視点として次を指摘した。

[1] 地方の民衆は「興行物の如き娯楽施設に接する機会が極めて少い」こと、地方は「一村が殆んど同じ様な業務に従い、〔中略〕同じ時期に休日を得ること〔中略〕且つ一村が皆顔馴染である」こと。これらは「盆踊の如き民衆娯楽が必然的に生起せざるを得なくなる」ことを意味している（同前・55頁）。

[2] 新島の盆踊から「小踊の中で最も観衆の心を動かした歌が盆踊の其の日から村一般に普遍して、何時までも何時までも〔中略〕村の人々の間に歌い続けられて、華やかだつた盆踊の光景を歌う人人の心の裡に髣髴せしめてゐる」こと。巡回活動写真隊来島の際に、入場者はまずは相当にあつたが「風の如くに来つて、〔中略〕去つて仕舞つた」のであり、「島人の心には唯だ上つ面の印象を一時与へた」に過ぎないこと。盆踊を「一種の儀式としてのみ保存してゐる」に止まらず、島人に対しては「此の盆踊の貴重さ」の自覚とその愛護を、当局者に対しては民衆生活への同感を権田は求めた（56頁）。

2. 農村娯楽への問題意識

権田は、文部省社会教育調査委員として、全国民衆娯楽状況調査の実施に携わったことから、施策の考究段階で民衆娯楽の実態の一端に触れる機会を得た。彼は農村娯楽の社会問題化へ関心を寄せた。

農村娯楽の社会問題化の原因である農村の生活状態の変化を考えるため

には、都会の生活を知り、都会の経済状態を解した上で、「村落と都会との生活関係の間に緊切なる関係を結ばしむるに至つた」過程を知るべきだと権田は考えた（『民衆娯楽の基調』1922・132頁）。問題は、「郷土の誇」としての農村娯楽は如何にあるべきか、またはいかにすべきかではなく、現在の農村生活が娯楽に対していかなる関係に立っているか、農村娯楽は現在の農村生活においていかなる位置にあるべきかにある（「農村娯楽問題考察の基底」1933a）と権田は主張した。

農村娯楽問題への手がかり

　権田は『民衆娯楽の基調』（1922）の「新しき農村の娯楽問題」において、村落生活における伝統的娯楽（盆踊、村芝居、草角力など）の位置づけに着目し、「新しき時代の農村の生活」を軸にした娯楽問題の解明を提起した。

　[1] 農村娯楽の形成過程

　まず、家が「農民が生活の労苦を相殺する唯一無二の娯楽場であつた」段階から農村娯楽ははじまった。自給自足の農村生活において「其の労働が即ち一個の娯楽であり、其の生活が既に一篇の詩であつた」と彼はいう（同前・129頁）。

　次に、「個々の家族の漸々増し、夫等が近き区域に集り住ふこと」で、「個々の家と家との間の関係が益々密接」になり、「其等の家族の成員の間にいよいよ近い関係が成り立つて行く」につれて、「以前の家の内部のみの団欒による娯楽の外に、夫等の密接せる関係に立つ一部落を一団とする娯楽が生ぜざるを得なくなる」段階に至る。

　「部落と称する共同団体が生じ、共同意識が生れ」たことが「部落を単位とする娯楽」を喚起させたのである。「共同的労働に対する共同的慰安」であり、「部落全体の信仰の対象となつて居る宗教的祭典を機契として行はるゝ」こと、「日頃労苦を共にする人々の間」に「休養日」が「楽しく味はるゝ様に成つて居る」ことを特徴とした（130-131頁）。

　[2]「現代」の農村における生活関係の変化

　まず、農村の生活状態の変化はその経済状態の変遷に起因するゆえに、「近代の営利経済」の確立が「一部落内の生活は其の部落内の経済関係に

よつて決定せられた」自給経済社会から「国民全体を支配する経済関係」への変遷をもたらしたこと、それが「一部落内の生活をも左右すること〻なつた」と権田は注目した（131–132頁）。

次に、「一部落内部に於ける相互間の生活関係」にもたらされた変化として、村落と都会との生活の間に緊切な関係の成立を指摘できる。「都会を知らぬ」ことから「都会を知る」こと〻村落生活の必要条件が変化したゆえに農村娯楽の問題は「甚しき切実さ」をもって我々の面前に出現したと彼はみた（132–133頁）。

[3] 農村娯楽の実態

「如何なる種類のもの」で「如何なる設備」により供給されているのか。文部省主催民衆娯楽調査（1921）から「村芝居」、「草角力」、「盆踊」であると確認した権田は、都会のそれと「甚だしい性質上の相異」があり、それは双方の生活の相異でもあると指摘した（134頁）。

[4] 「固守的鎖国主義」からの脱皮

「都会的気風の迅速なる村落への侵入」は事実であり、かつ「其の勢はいよいよ激しからん」状況になった。「都会を知る」ことで、村落は「固守的鎖国主義」からの脱皮が可能になる。その一方法として最も普遍的かつ直観的である娯楽を通して「都会に於ける新しき思想感情」に触れる意義に権田は注目した（138–139頁）。

[5] 「新しい村落娯楽の問題」

都会娯楽は従来とは全く異なる意味内容や形式を持ち、村落生活の「新時代化の為め」という要求が考えられる。ゆえに新しい村落娯楽の問題を討究し、適当な方策を考え、かつ適切な実行を期することの重要性を権田は指摘した。

「都会がいよいよ其の娯楽に飽満し行き、村落が益々其の娯楽の機会を失ひ行きつ〻ある」という現状ゆえに、「新しい村落娯楽の問題は大なる切実さを以て、今日の村落生活の内部より生れ出でねばならぬ」のである（139–141頁）。

権田は、農村娯楽の問題として娯楽が村落生活に対し如何なる意義を有するものか、新しき時代の農村の生活に対していかなる意義を有し、かつ

真にその意義を発揮させるにはいかに改造しなければならないものである
かを問うた（142頁）。

農村娯楽の問題化

権田は「民衆娯楽の発達とその帰趨」（『民衆娯楽論』1931）において、農
村娯楽そのものをどう問題化するか論じた。

「今日の農村には、一方に民衆娯楽的要求の熾烈なるものあるに対して、
他方に斯種娯楽供給の設備の貧弱皆無なる状態があり、一方、伝来的郷土
娯楽の衰亡に対して、他方、新興都会娯楽の侵入がある。現時の農村は其
の間に捲き込まれて藻掻きつゝも、なお自然の大勢の奔湍に、〔中略〕押し
流されて行く。農村の娯楽は何処へ行く？　それは『時』のみが知る事柄
なのである。」（176–177頁）

権田は「農村娯楽問題考察の基底」（1933a）において、「今日及び将来
の農村には如何なる娯楽が適切なるべきか」、「娯楽の施設は如何にあるべ
く、其の設備は如何に運営されざるべからざるか」（236頁）を問題の主題
に据えた。

農村娯楽問題に対する考察の一般的視点が盆踊に代表される伝統的郷土
娯楽に終始向けられていること、すなわち「農村娯楽即盆踊」という考え
方に農村娯楽問題の一因を権田はみた。盆踊は「過去の農村が生み出した
娯楽」であるという点を「超時代的な考え方」として彼は批判した（246頁）。
彼が携わった文部省社会教育局による民衆娯楽調査（1931）[7] は「全国的
に云へば農村最大の娯楽は尚祝祭行事、踊・唄・芝居・海山の遊び・遊覧・
講等、設備熟練を要せず、物日農閑期等に比較的簡単に行はるものゝみで
ある」（2頁）という指摘にはじまる。そして「農村における近代娯楽の先
駆的存在は巡回活動写真であり、その発展は注目に値するものであり、特
に官庁における諸種の巡回映画がますます組織化され、所謂映画網を組成
すると共に山間僻地も都市と同様に、「溌剌たる近代娯楽」に接すること
ができるようになり、その効果は教化の上からみても亦著しいものがある」
（4–5頁）と続いた。

権田は、「農村生活の転向」と「農村娯楽に於ける新しき動き」に注目し、

農村娯楽問題の具体的方策として「新しき舞踊及民謡の新編成」と「農村映画施設の完成と運用」を指摘した（「農村娯楽問題考察の基底」1933a・252頁）。農村が近代文化から絶縁し、近代生活から隔離され、そこに封建的な孤立的存在を維持させ「僧房的禁欲生活」を営ませているという指摘をめぐり、伝統に捉え囚われるのではなく、現実に即して彼等の生活を捉え直そうとしたのである。

3. 地方文化の追究

権田「農村教育と娯楽」（1933b）は、農村教育、さらに農村社会教育の問題を考えるには娯楽を研究し、農村生活の変化を知る必要があると主張した。過去の農村生活は「娯楽的要素で浸潤され」てかつ「情味に満ち溢れ」た一方で、現時の農村は「滋味と滑稽」に欠け「唯だ農村のみの狭い生活範囲に活くる」（74-75頁）のではなく、都市生活と同一の生活を生きて、現代社会一般の文化を呼吸しなければならないというものであった。

郷土娯楽と新興娯楽

郷土娯楽は「長き過去の農村の生活が自らに生み出した、その農村生活の間より自然に滲み出した其の郷土の情味に豊かなもの」であり、その土地の生活と「相即不離の関係」に立つ。これによってその村落共同体の「情意的結合の靭帯」を求めようとする。しかし注意しなければならないのは、著しく転化する現時の農村生活に対して「魅力と勢力との実状」だというものであることを権田は指摘した（76頁）。

郷土娯楽にこのような問題が生じるのは、農村生活そのものに生じた変遷に基づく新興娯楽の移入にあるとして、その発生において局地的基礎に立たず、「弘布に於て超地域的である」ことが特色だと彼は指摘した（77頁）。

農村教育の方向性

郷土娯楽の「穏やかな教育性」と新興娯楽の「鋭い教育能力」から、農村教育の手段として娯楽のための施設が実現されねばならないと権田は主張した（78頁）。農村教育手段としての娯楽の「一体系と一施設」、すなわ

ち一村落共同体を単位とした「娯楽センター」設立の必要性を提唱したのである。

「斯かるセンターが設けられ、これを運営するに適当なる指導者を得るならば、一村落共同体の娯楽的行事は一切挙げて此処に集中せられ、村落生活の閑繁に応じ、四時季節の変移に準じて其処に同村落共同体の娯楽暦が立案せられ、それが最も効果的に組織的に実行さるゝに至るであらう。しかも此のセンターはそれが単に娯楽のみに利用さるゝものに非ずして、〔中略〕農村図書館、〔中略〕青年相談所、〔中略〕講演会場、〔中略〕農事共進会場、〔中略〕農村衛生啓蒙運動の中心ともなるのであつて、〔中略〕夫等の事業と相結んで此の娯楽センターは〔中略〕農村文化中心機関になるのである。」(79頁)

権田の提唱する農村教育のねらいは、新たな農村文化の創出にあった。彼は「地方文化と娯楽」(1938a) において、娯楽の地方文化に対する影響に注目した。「各地方各郷土の持つ古き文化と新しい現実の文化が融け合つて、現在に生きる地方人の文化的表現の一を成してゐる」として (10頁)、「地方文化の顔」としての娯楽を彼はみいだした。新興娯楽と伝承娯楽が「相搏ち相斥け而して相混じつつある」ところ、地方文化における「動揺と不安」の過程を「生みの苦しみ」と捉えたのである (11頁)。

第2節　労働者娯楽問題への注目

1. 労働者への関心

権田には「現代資本主義に対する抑え難い反抗心」(『美術工芸論』1921・3-4頁) に基づく社会改造への志向があり、民衆娯楽を次のように定義した。

「民衆娯楽は近世資本主義発達の一産物であつて、無産階級に愛好せられ、享楽せられる娯楽である。我国に於ける無産階級は、大体に於てかの世界大戦以後漸く資本主義経済が確立されて以来のもので、それと共に諸種の社会問題が発生し、所謂デモクラシー運動が起つたのであるが、民衆娯楽はその一つの現れとしての民衆娯楽問題の提唱に基いてゐる。」(「民衆

娯楽」1939a・2212頁）

　権田は内務省保健衛生調査会から保健衛生に関する実地調査事務取扱を委託され（1918–1924）、約一年におよぶ月島調査（主幹・高野岩三郎）に加わる機会を得た。「月島と其の労働者生活」（1921f）、「東京市に於ける労働者家計の一模型」（1923f）、「東京市に於ける少額俸給生活者家計の一模型」（1924c）、「労働者及び小額生活者の家計状態比較」（1926a）を著した。

　高野・権田による「日本における家計調査とその実施に就て」（1930d）は、「当時我国労働者の自覚なほ不十分であつて、組合組織に熱心せず、組織的地位改善に努力の足らざりしこと」を指摘して、彼等の生活解放のあり方について問題提起した（155–156頁）。

2. 労働者娯楽に対する問題意識

労働者の娯楽観

　権田が指摘した労働者娯楽問題は、労働者における「生活と娯楽との関係」「生活における娯楽の位置づけ」「娯楽に対するこの生活の態度」、その娯楽観にあった。その要因として次の点を指摘した（「労働者娯楽論（一）」1933c・256頁）。

　[1] 現代の労働者は「労働そのもの、仕事そのものを娯んで行くこと」は不可能であり、「仕事は仕事で、仕事する場所を営んで、娯楽は娯楽で全然異つた場所で、別な時に之を取らねばならなくなつてゐる」こと。

　[2]「労働生活の強化」「社会生活に於ける時間促急」による疲労回復には「唯だ単に無為の休息丈け」では不十分で「再創造の為めには相当な手段方法を必要とする」こと。

　[3] 再創造を目的に「与へられてゐる」余暇は「極めて限られた短時間」かつ「他律的なもの」であり、「十分に意味あらしむべく」には「完全に娯楽化せねばならぬ」こと。

労働者娯楽のあり方

　労働者生活の娯楽のあり方として、「労働生活の間隙に僅かに与へられたる余暇」を「最も有効に、最も有意義に」活用することが求められた。

ゆえに①「単に彼等の為めの暇を潰す手段」、②「情操的陶冶、知的教養の為めの人格的教育の手段」、③「公民的教育の手段」が社会教育行政において求められる傾向に権田は注目した（同前・257頁）。

労働者娯楽として具体化されたのは工場娯楽の施設のみであった。「工場以外に於ける労働者生活と娯楽との関係とその意味」や「労働者の生活完成」はみすごされたと権田は述べる。工場娯楽の施設が「職工扶助料制度、廉売設備、沐浴場設備、社宅又は住宅料支給制度、治療所設備、保育所・託児諸設備、表彰・奨励の制度、人事相談所設備」等、「多分に資本家の温情主義的」かつ「福利増進の設備」という位置づけであったと彼はみたのである。

娯楽は「単なる工場の福利増進施設の対象」から「広く労働者生活の全範囲に渉れる重要なる生活表現」かつ「労働者教育の一要因」であると権田は理解した。ゆえに娯楽施設を、慰安休養を目的とする福利施設から「労働人として又現代人としての完成」のための教育施設へ脱皮させるべきだと権田は主張した（258頁）。彼は既刊の諸調査が示した労働者娯楽観からその思いを強くした。

権田による労働者娯楽調査の分析

権田は、同論「労働者娯楽論（一）」（1933c）において、既刊の労働者娯楽関係調査結果から労働者娯楽の範囲と種類を概観して、次の点を指摘した。

[1]「生活の最も大なる愉悦」として娯楽が考えられていること。

[2] 各自がその生活状態、資力および趣味性に適した娯楽を選択し、楽しみつつあること。

[3] 彼等の生活を「直接に且つ即時に娯楽化し得る」性質を有する娯楽が最も選択されていること（271–272頁）。

調査において「酒、煙草、菓子等に対する嗜好」を労働者生活にどう位置づけるかを権田は問うた（265頁）。生活慰安として「大きな役割を演じてゐる」と彼がみたからである。

権田が対象とした調査結果は以下の通りであった（260–264頁）。

①内務省月島調査における「労働者と娯楽」（1919–1920）

　権田が担当した「労働者と娯楽」において、「居住者と娯楽設備との関係」、「娯楽中心地の調査」、「飲食店の調査」、「寄席の調査」、「労働者と飲酒」、「労働者の読物としての新聞紙」が触れられた。

②大阪市社会部「未成年職工に関する調査」における「趣味」（1920）

　大阪市および接続町村の工場に勤務する未成年労働者（13–18歳）の家庭生活の実状とその思想内容の把握を目標にした。その趣味生活について「読物」、「娯楽」、「最大愉快」から観察した点に彼は注目した。

③東京市社会局「自由労働者に関する調査」における「嗜好趣味娯楽」（1922）

④大阪市社会部「日雇労働者に関する調査」における「嗜好趣味及娯楽」（1923）

　親方組合、紹介所、共同宿泊所、労働下宿、木賃宿、溜り、現場、一膳めし屋等で、実地調査した点に彼は注目した。

⑤名古屋市社会課「常備労働者生活調査」における「飲酒調」（1923）

　職工従業員の生活状態調査において飲酒の有無、その常用の有無が調査項目にある点に彼は注目した。

⑥大阪市社会部調査課「密住地区居住者の労働と生活に関する調査」における「嗜好趣味及娯楽」（1924）

　「密住地区」が「細民地区」を指す点に彼は注目した。

⑦京都市役所社会課「常備労働者生活調査」における「嗜好品」「趣味及娯楽」「読書」調査（1924）

　生活調査の一部である精神生活方面の調査項目として「嗜好品」、「趣味及娯楽」、「読書」が設けられた点に彼は注目した。

⑧広島市社会課「給料生活者生活状態調査」における「趣味に関する調査」（1925）

　世帯主および家族同居者の趣味が対象であった点に権田は注目した。

⑨名古屋市地方職業紹介事務局「名古屋市に於ける日備労働者に関する調査」における「嗜好、趣味、娯楽」（1927）

⑩三菱造船株式会社長崎造船所「職工過程状態其他統計表」における「職工趣味調」（1923）

労働者が喜ぶ娯楽

　権田が、同じく「労働者娯楽論（一）」（1933c）で、労働者に「喜ばれつゝある娯楽」の種類として次の点を指摘した（269–271 頁）。

①各種興行

　映画、芝居、講談、浪花節、安来節、義太夫等、各種の音曲、曲芸等。

②遊芸

　自ら行うことで「興味を感ずる」もの。

　音曲、歌謡の類（音楽、日本式の尺八、笛、三味線、琴、琵琶等から西洋式のハーモニカ、バイオリン、マンドリン等）。

　詩吟、剣舞。

　茶の湯、活花、琴が特に女子の間で、かつ「趣味的娯楽」とされているもの。

③囲碁、将棋、カルタ、トランプ、花札の類。

④各種のスポーツ

　「近年殊に著しい新興娯楽」としてそれを対象とする設備・団体が設けられたこと。

⑤遊山、散策、旅行

　大都市近郊の「交通機関の異常なる発達」と交通営業者の宣伝が労働者の関心を高めること。

⑥釣魚、網打、狩猟、小鳥・金魚飼養。

⑦写真。

⑧蓄音機、ラジオ。

⑨盆栽、園芸。

⑩和歌、俳諧、川柳。

⑪刀剣、書画、骨董、古銭古切手等の蒐集。

⑫小細工物、手芸

　それらを創作し知人に頒布することに喜びを感じているもの。

⑬座談、雑談。

⑭読書

　労働者の多くは新聞、娯楽雑誌、講談本等を耽読していること。

⑮武道、気合術、催眠術、静座法。

⑯講演会、演説会、政談演説会。

⑰入浴、安眠を娯しみとするもの（消極的娯楽を喜ぶもの）。

⑱子供の成長を楽しみにしているもの。

⑲債券、無尽の当りを楽しみとするもの。

労働者の余暇の娯楽化

　権田は、「労働者はその零細にして貴重なる余暇を如何に娯楽化しつゝ
ありや」が追究されるべきだと述べる（同前・272頁）。同時期実施の諸調査
が、「労働者によつて楽しまれてゐる娯楽」如何を明らかにするに止まるか
らである。

　自身の問題意識、労働者娯楽観に近い調査研究として権田は次の調査に
注目した（272–273頁）。

①大阪市社会部調査課編『余暇生活の研究』（1922）

　市民の余暇生活を目的とする公私の施設およびその利用状態、市民各階
級が余暇時間および休日をいかに「消費しつゝあるか」。

②大阪市社会部調査課『大阪市労働年報』における「労働者余暇利用の内
容概計」（1928）。

　工場から帰宅後の労働者は「与へらるゝ休養の時間が短い」こと。

　「労働者娯楽の為めの社会的施設に殆んど欠けてゐる」ために「唯だ家
庭の中に狭く手近い範囲の娯楽で間に合せてゐざるを得なくなつて」いる
こと（「労働者娯楽論（一）」1933c・279頁）。

　公休日には「一日を家にあつて、ぶらぶらと何もせずして、又は睡眠を
して過ごすものも可成りにある」こと。

　特に「全体の二乃至三割」が「家事の手伝や家事の雑用の為めに費して
ゐるものがある」ことを「見落とすことの出来ぬ事柄」と捉え、一見「休
日を十分に娯楽化」しているような人々も実は「思い思いに、単独的に、
盲目滅法に娯楽を求めて行かねばならぬ状態に置かれてゐる」ことを権田
は問題視した（280頁）。

　労働者の余暇を娯楽化するとは、休養を与えるに止まらず、余暇を変え

ること、すなわち労働者自身をも変えることが可能であるというのが権田
の娯楽観である。「意識的な目的的な労働者娯楽施設」を提唱して教育的
施設の方向性を権田は模索した。

3. 労働者のための家庭娯楽論

労働者の家庭生活

　権田の労働者娯楽問題意識、労働者娯楽観は彼等の生活と関わる。彼は
労働者生活における家庭のありようを捉え直し、家庭娯楽を提唱した。権
田が家庭生活および家庭娯楽をいかに認識していたのかみておきたい。

　家庭生活は、人間生活の最も模型的な、健実な、基礎的な表現であるゆ
えに娯楽とは不可欠な関係にある（「家庭に於ける娯楽」1928b・161–162頁）と
権田は述べた。「時代の家庭生活の状態」に左右されるからである。その
特徴は、①時間促急、②労働生活と家庭生活の分離、③勤労生活が家庭生
活より日常生活に占める割合が高いことである。現代生活は「各家族員の
夫々に異つた生活情調」から「新しい家庭生活」を創出させることを課題
とする。「今日の家庭を構成しつゝある全家族員の心持」をつかみ「引き
摺つて行く」ことが娯楽に期待された（165頁）。

家庭娯楽の成立

　娯楽が「家庭全体を目安とする」もの、「新しい家庭生活が要望する」
ものになるには何が必要か。

　権田は、まず「家庭に於ける娯楽」、もしくは家庭娯楽が一般に「家の
中で行はれる娯楽」と認識される状況を批判的に捉えて、娯楽を行う場所
ではなく、主体として家庭を据え、「自分の家の中にばかり家庭娯楽が成
立する」という固定観念からの解放を提起した（同前・167頁）。

　次に、一般に家庭娯楽が論じられる際に、家庭用娯楽具としてのラジオ、
蓄音機の利用や、家庭音楽会、家庭劇、家庭映写会、家庭踊等が指摘され
る点について、そうした設備を備えられない一般大衆は家庭娯楽を得られ
ないのではないかと問う（同前）。

　権田は一般大衆、労働者のための家庭娯楽について次のことを提起した

（168頁）。

　[1] 各種娯楽設備の普及、交通機関の発達を利用して「其の内に『家庭』を延長させ、『家庭』を建設させる」ことが「最も失費少くして最も意味のある家庭の娯楽の創造」であること。

　[2] 生活の改善とは、「自己の生活の意識を社会の生み出した新しい諸設備の上に拡充させ、自己の生活意識を以て夫等を克服し了る」を意味すること。

　[3]「蓄音機、家庭音楽、家庭踊」からではなく「多摩の川原、公園、映画館」等に家庭娯楽をみいだそうとするならば、現代社会の生活における家庭娯楽の真価を創造することに連なること。

　[1] に関しては、家庭娯楽は家庭が赴く所、延長し行く所どこにでも成立するゆえに、「広い天地に、解放された世界に、自由なる自然の裡」に家庭を中心として構成されるものであると権田は述べた（167頁）。家庭概念の捉え直しである。

　[2] に関しては、労働生活と家庭生活の分離による娯楽形態の変化、生活における勤労の占める比重の増加が家庭における娯楽の意義の変化を「社会生活の必然」と彼は捉えた（164-165頁）。各家族員の生活情調が異なり、家族としての融合が困難になる中で、いかに家族娯楽を創り上げていくのか。本来は家族で共に過ごすことが娯楽であった。家庭娯楽の創造が新たな家族の創造である。

　[3] に関しては、権田が家庭娯楽を批判するのは「極く僅少の部分の人のみが之を得る」にすぎないからであり、一般大衆のための家庭娯楽を提唱した。家庭生活の変遷が消極的かつ偏狭な家庭娯楽をもたらしたゆえに、生活改善の為、労働者の生活意識を社会に向けて開く彼等の姿勢が新たな家庭娯楽を創出させ、娯楽生活を豊かなものにすると権田は主張した。

家庭を築く

　労働者の娯楽を福利増進の対象から現代人としての感性のためのものであるべきだと権田は主張した。また娯楽成立の重要な要因としての家庭のあり方の再考を彼は促した。教育と福祉の間をいかに考えるか、家庭を築

き上げるとはどういう意味を持つのか彼は問うたのである。

第3節　学生娯楽問題への注目

1. 学生娯楽問題調査への関わり
「学生」観

　権田は「学生娯楽問題」（1935c）で、学生が「一種特異なる社会的経済的位置」と「一種独特なる文化的意義」を有し「将来社会への約束」を確かにしており、「社会的諸関係は彼等を社会生活との吻合関係をして著しく密接ならしめている」点に注目した（292–293頁）。

　[1] 学生娯楽問題

　権田は、学生を「時間の用途」につき「学生生活に相当に多くの時間の割合を要求するもの」として捉えて、その生活は「趣味娯楽及社交的」であり、また「呑気至極にして実生活とは何等の関係もなきもの」のように思われるが、学生が「その学生生活を十分に味得」して、「その人格的完成を所期せんが為め」には文化的意味を有する娯楽生活を度外視し得ないとして、ここに学生娯楽問題発生の理由をみいだした（295–296頁）。

　当時の学生を取り巻く状況は、「治安維持法」（1925）による社会主義運動・思想への弾圧にはじまる。「国民精神作興」、「国体明徴運動」から「国家総動員法」成立（1938）に至る経緯や、世界恐慌に伴う経済危機を大陸侵略により打開を図る非常時体制下にあって、学生の就職率の低下、学生思想問題調査会（1931）や文部省学生部の思想局への昇格（1934）による国家の思想統制の強化から、学生はまさしく「暗い谷間」に置かれた。学校当局者は、学生と時局の関係、その思想的傾向として左傾思想との関係への危惧から、娯楽問題に注目した。学生思想の「峻険化」を緩和し、「学生個人の思想の平衡」、「学生相互間の親睦」、および「学生と教授及学校当局者との心的融合の手段」として趣味娯楽を捉える一方で、趣味娯楽の特質である「自由無拘束」さに対する懸念に、学生娯楽問題が発生したと彼はいう（296頁）。

［2］学生の娯楽生活

学生の娯楽生活として「散歩・旅行・スポーツ等の系統に属する娯楽」、「映画・演劇等の系統に属する娯楽」、「音楽系統」および「囲碁・将棋・麻雀等の系統」に属する娯楽と、社交的娯楽機関の利用の高さに権田は注目した（299頁）[8]。

［3］新しい娯楽の発生

権田は学生娯楽の表現について、「単独人としての学生」によって享楽されるもの、「学校団体員としての学生」として「同一学校内部に於ける同趣味の同好者」によって組織される趣味娯楽団体と、「学校全体の学生を包括した」校友会によるものを指摘した。特に「学校団体員」としての学生による娯楽表現の展開に注目した。

趣味娯楽団体について、「学校に於ける学生生活の間に相当強い緊密性がある」こと、「趣味の分化」、「優秀なるオルガナイザーの存在」を要件として彼は指摘した（304頁）。

校友会について、種々の事業を営む中、趣味娯楽に関する割合は高いが、「全学的支持と全学への働き掛け」が可能である。その反面、「学校当局の監督」下に置かれる状況にあって、趣味娯楽が「単独的な好尚」から「比較的少数なる同好の人々の間にての享楽」、「全学的範囲にまで拡充」に至った点に意義を彼はみいだした（306頁）。

趣味娯楽団体に着目する理由として、同一学校内の趣味娯楽から学外へ進出、他校の団体と「相聯繋」し、もしくは他校の校友会内の団体と「相提携」することから「所謂『聯盟』としての学生娯楽」が生み出される発展性を彼は指摘した。学生娯楽は「一般社会人の存在をも意識せる娯楽」となり、権田は「新しき娯楽の発生」を認めた（306頁）。

［4］学生娯楽

権田は、学生娯楽の特徴として①学生は、趣味娯楽に対して自由な態度に立つこと、②清新にして流動的なものであること、③一般に学生は教養、高等常識を有するのがその職分であることから、娯楽に何らかの意味内容を求めること、④団体生活である学生生活を営む以上、娯楽享楽も団体意識を伴うことを指摘した。

144 第4章 娯楽問題の追究と「娯楽公営化」構想

　これらが学生に、「新しい娯楽のパイオニアーである」こと、「知的に纏めんとする傾向を有するデイレツタント」であること、「娯楽の有力なる顧客である」ことをもたらしたと権田は述べる（307頁）。こうした「学生の好尚」を標準としながら「漸く社会的に一般化」された「新興の趣味娯楽」に彼は関心を寄せた。

[5] 学生娯楽対策・施設

　趣味娯楽の有する豊富な教養性や文化的機能、趣味娯楽を通した「学校的団体生活」における「学園生活の人格化」に対し、学校当局が学生の趣味関心に関する学校の方針として「特別の方針なし」、「情操教育の一端として学業に妨げる範囲に奨励す」、「弊害なき限り保護存養する方針」を掲げた点を権田は問題視した（309–310頁）。

　権田による「学生娯楽問題に関する調査」（1939）は、大原社会問題研究所実施の調査結果（1938）に基づく。学生娯楽が「円満完全なる発達」を遂げるためには、「公的又は公益的なる基礎の上に今日の学生の娯楽生活を適正妥当に満足せしむべき特殊なる施設の設置」として学生会館の建設の重要性を確認した。学生が「学生生活の矜持と愉持」を感じ、「自分達の『家』である」と認識することが一般に期待されたのである（345頁）。

　「学生娯楽生活の調整」という点において、学生の「厳粛生活甚しき」は「その禁欲生活に依つて所期しやう」とする考え方があった。一方それに対抗して、学生生活を肯定し、ある程度の享楽生活の妥当性を認め、その健全なる発達と、円満なる学生生活の顕現を目指した何等かの公的なる施設の講じられるべきだという考え方があった。学生会館という施設を認める人が多かった点に権田は注目した（343–344頁）。

　学生の大部分は「経済的境遇に於て勤労を要せず且生活の保障を享けいる」ものであり、趣味娯楽に対しては相当の余裕をもてる存在（307頁）と権田はみており、その性格は民衆娯楽とは異なる。しかし娯楽の大衆化が進む過程で、それは変わりつつあった点に権田は注目した。新しい娯楽が生じる可能性である。

2. 青年と民衆娯楽

『民衆娯楽の基調』（1922）の「民衆娯楽と青年」で権田は、「学生を以て青年を代表する」理由として次の点を指摘した。

「学生は社会生活から云へば、無産階級者に属しないで、知識階級と同じ心理を持つてゐるから、これで以て全体の青年を律して行くことは出来ない。併し学生は、その時代の最も新しい傾向を直截に受入れて、それに順応して行かうとする傾がある。この点から云へば、社会生活を超越し、将来に於ける一般青年の生活の先駆をなす意味から云つて、今日の学生の生活に現はれた娯楽と趣味を考へるならば、一般青年の娯楽と趣味の関係を考へるに至つて都合がいゝ。」（187–188頁）

学生の傾向

権田が注目したのは、学生における「新しい傾向を直截に受入れて、それに順応して行かう」とする傾向であった。この場合は「学生が先がけになつてやらなければ、新しく社会一般の生活に入つて来ない」として、学生を娯楽の創造者、娯楽の一般化に欠かせない存在と解した。

彼は青年および学生と趣味娯楽の関係について次のように捉えた。

「飲食店やミルクホールが流行つた時代は始め学生を主としてゐたものであるが、追々と付近の町の人が入るやうになり、ついで一般労働者階級も入るやうになつた。」（188頁）

「活動写真が民衆の娯楽として大きな問題となつたが、それを開拓したのも矢張学生で〔中略〕活動写真からオペラに移つた。〔中略〕労働者階級の定休日になると、学生の外に労働者階級の青年、少年と云ふ者も著しく目につく〔中略〕。そして彼等は非常な同感を以て見てゐる。」（189–190頁）

学生娯楽の一般化

学生によって新たに開拓された娯楽が一般化されていく過程に権田は注目した。そこに娯楽享楽者、娯楽享楽の機会、娯楽の種類が増加した点をみいだした。権田は、「娯楽に対して真剣な態度をとるようになり、娯楽を人生の一部分であると考えるようになり、娯楽を『実生活以外の閑事業』

から一変して「娯楽そのもののうちに人生を見出さう」という態度になったと捉えた（191–192頁）。

権田はその特徴として、①「社会一般に拡まつて民衆化」されたことから「特種範囲より一般的」になり、②その性質が「玄人より素人」へ普遍化し、かつ技巧より享楽に重きが置かれ、③楽しみが概念的なものから具体的、現実味を帯びるようになったことをみいだした（193–194頁）。

「青年娯楽の推移と現代青年娯楽の特徴」（1923b）で権田は、青年学生対娯楽の問題を次のように捉えた。

まず、日清戦争から日露戦争にかけての時期（明治中期）の青年学生の娯楽生活についてである。

例えば明笛でも、月琴でも、尺八でも、薩摩琵琶でも、その時代時代に勢はあったが、享楽する青年学生は全体の青年学生のほんの一小部分にすぎなかったゆえに、青年学生の生活がそれらなしでも考えることができる（86頁）。

次に、明治後期以降のその変化についてである。

声楽、野球、庭球、歌留多の趣味が青年学生の間に起こり、新聞縦覧所からミルクホールを経て一品洋食店、カフェー、バーに開拓され、「牛肉店や蕎麦屋の二階で天下国家を論じていた」書生から「カフェーの紅い灯の下で白いエプロンのウエイトレスと青春を語る」学生に変化していくと権田はみた。また活動写真の大衆化を、「一般世間の奇異の対照物としての観世物」から「一個独立した娯楽」として青年学生によって開拓されたと彼は述べた（87–88頁）。

したがって①娯楽が「新らしく興つた新し味の満ち満ちた種類」のものになったこと、②娯楽の一般化の「急先鋒」「中堅」として支配したのは学生であったこと、③娯楽に「熱中したり、喜んだりした」青年学生は「全体の一部」にすぎなかったことを彼は指摘して、以上が「全体的の学生生活は夫等の娯楽以外にそれ自身の道を進んで居た」ことの根拠であると述べた（89頁）。

大正期、第一次大戦後における青年学生と娯楽との関係の著しい変化について、権田は次のようにみいだした。

「今日にあつては新しい娯楽は決して青年学生のみの壟断する所のもの

では無くなつたのである。其の奥には、其の根柢にはもつと力強い社会的勢力が潜んでゐることを忘却してはならぬのである。〔中略〕それは実に近代的民衆の大きな濤である」。(89頁)

青年学生娯楽理解

青年学生の娯楽は彼等の特権ではなく、「一般民衆の生活と相響きつゝある娯楽その物」となった。ゆえに青年学生は「其の娯楽生活の上に一般の近代的民衆と同じ呼吸する真剣味を体得することになつた」と捉え、青年と娯楽の関係において意味があると権田は述べる(同前・89-90頁)。

活動写真について、青年学生より多くの一般民衆の好尚によって支配されて」いるとして、それは「映画趣味の向上とか堕落とか云ふ議論」の問題ではなく、実際の事実として権田は捉えた。

オペラについて、学生は「一般民衆の生活によつて作り出された」空気の間に打ち混じってオペラを味わい「一般民衆の生活によつて織り出されたオペラの趣味の裡」に自己を発見して行く時が来たと権田は述べた。

野球について、野球の趣味が学生の手から解放されて、一般民衆の生活の中に入って来たことから、「一般民衆の野球に対する熱狂によつて、其の背景の上に学生自身の試合も初めて意味がある」と権田は述べた(92頁)。

青年娯楽が「世間とは没交渉な書生の暇潰し」から「現代に奮闘する民衆の情感が常に胆視しつゝある真剣なる事柄」になったとして、彼は歓迎した。よって活動写真、野球、オペラ、運動競技、カメラ、カフェー等の娯楽が青年学生の間に「普汎的」になったことについて、「勉強もせずに、運動ばかりして遊んでゐる連中」ではなく、青年学生の証として「今日の青年学生の生活から娯楽を除外しては彼等の生活を解することは出来ぬ」と権田は主張した(94-95頁)。

権田は青年学生と民衆娯楽の関係として、「青年学生全部が之に関与する」が「青年学生の独占物」ではなく、「民衆の一部として之に参与する」ことを特徴としてみいだした(95頁)。青年学生や書生は知識階級の卵として指導者、中堅の位置にあったが、「近代的民衆の発生」によって「近代社会が発現する」時になっては「近代的民衆の生活や情感が逆に学生を支

配する」ようになったと権田はみた。

　権田は社会状況の変化において青年学生、知識階級の存在を捉えた。社会状況の変遷は民衆生活の事実を背景にするゆえに、娯楽において、青年学生は「民衆生活の大濤」を聴くことができると権田は捉えた（96頁）。

3. 青年学生娯楽の意義

青年学生娯楽の固有性

　権田は「青年娯楽とラヂオ」（1935a）で、青年娯楽について次の点を指摘した。

　[1] 青年という特有の年齢期に現われる常に変わらない娯楽の傾向がある。

　[2] 青年の個体生活に出発する娯楽的欲望が、青年を取り巻く社会生活的諸条件によって著しい変化と複雑さを経て、今日の青年の娯楽的表現が生じている（281頁）。

　[1] に関して、生活における「清新味と自由と奔放の天地への憧憬」を、[2] に関して、青年が「団体的生活の中に生くる」ことが多くなったこと、娯楽供給設備および機関の「異常急速な発達」により彼等の生活が極めて豊富な娯楽に取り囲まれたこと、娯楽の傾向が「極めてモダンな、極めて開放的なもの」であると同時に「知識欲の満足に対して少なからぬ興味を懐けるもの」であることを指摘した（282–283頁）。

　権田は青年の知的興味の高さに注目し、青年娯楽としてのラジオ放送について言及した。

青年とラジオ

　ラジオ放送と青年娯楽の関係を考察するにあたり、権田が関心を寄せた知人の話について以下みていこう。

　「ラヂオでは、時々いい娯楽放送があつて、たまには落着いて浄瑠璃を聞いたり、落語や浪花節を娯しもうと思うことがあるけれども、何分、息子や娘がうるさがつて始終反対されるし、ラヂオドラマとか漫才や落語とかになると頭から低級視してそれ又反対。と云ふ訳でそれまではどうも思うやうにラヂオの娯楽放送を楽しんでゐられなかつたけれども、今度息子

は〔中略〕東京に下宿するし、娘は嫁に行くといふので、これからは老母と共にしんみりと文楽の中継放送が聞かれる訳さ。しかし考へると、急に老み込んで仕舞つたやうな気がされるよ。」（284-285 頁）

　娯楽放送が家庭を目標に「その老成年者を相手としている」点から、「極く穏かすぎる」家庭娯楽の一種であり、かつ「唯だ燥がしいのみで情調を伴わない」実況放送である傾向が強い。一方で講演放送が青年の知識欲に少なからず応え「愉悦を与へつゝある」こと（285-286 頁）を権田は指摘した。ラジオにおける「青年娯楽的要素」を否定したのではなく、青年娯楽の誕生および展開を確信している表れだとみたのである。

　よって「浪花節の内に、浄瑠璃の内に、新内の内に、都々逸の内に、流行小唄の内に、新時代の青年娯楽を建設して行かうとする無謀なる徒労」を棄て、青年の生活を中心に、青年期における国民の知的ないしは至情意的生活を目標とする一有機的な放送体系が建てられるとして、青年のための趣味娯楽に対する助言指導を行い、娯楽的事象・季節・行事への関心を啓発することを権田は期待した（288-289 頁）。

文化創造と青年学生

　権田は、青年の生活の需要に応えるような娯楽の内容、およびその体系化と、青年の主体的な姿勢を、ラジオが青年娯楽の育成の場になるための要件として位置づけた。

　また権田が指摘する、娯楽方面は青年の手によって新しく開拓されてそれが段々にあらゆる社会生活に織り込まれるようになったこと（「民衆娯楽と青年」『民衆娯楽の基調』1922・190 頁）や、学生は「新しい娯楽のパイオニアー」であり、「知的に纏めんとする傾向を有するデイレツタント」であり、「娯楽の有力なる顧客である」こと（「学生娯楽問題」1935c・307 頁）に注目しておきたい。

　青年、特に学生は、一般民衆とはいわば対極的な位置にあるが、学校文化、および産業としての文化の創造という可能性を有しており、娯楽の創造に関わってくることを権田はみいだしたのである。

第4節　民衆生活における娯楽の成立

1. 民衆娯楽対策

　権田は、「民衆娯楽と教育」（1932）で、民衆娯楽を「唯単に比較的多数人が娯む娯楽なり」とみなすことに否定的であった（9頁）。民衆娯楽とは何か。権田の考えた民衆娯楽教育対策に注目する。民衆娯楽教育対策とは民衆娯楽に対して「如何なる教育的対策及び施設を講ぜねばならぬであらうか」と彼は問うた（17頁）。

民衆娯楽教育対策の根本

　対策の根本として「近代的民衆の娯楽的欲望は之を充足せしめざるべからず」と権田は述べた。近代的民衆の生活は「娯楽なしには成立し得ざるものである」ゆえに「好い娯楽があれば与へやう、しかし無ければ与ねなくもよい」という姿勢を否定した（17頁）。したがって権田は、①「よき娯楽」を民衆生活に提示すること、②「過不足なく合宜的に」娯楽を提供することを指摘した（18頁）。

①よき娯楽

　「今日の大衆は娯楽を渇望してゐる。さればとて娯楽なれば何等の差別なしに彼等に提示し得るかと云ふにさうではない。それは社会生活の健実ならんが為めに、民衆それ自身の生活の強健なるべきが為めに、当然よき娯楽が要求せらるゝものである。」（18頁）

　娯楽の「よき」か「あしき」かという基準は何を意味するのか。権田は、「民衆娯楽は何よりも先きに『娯楽』であらねばならぬ」という。

②合宜的な娯楽の提供

　「如何に滋味に富めるものであつても之を摂取すること過度であれば、それは遂に組織を破壊し、種を頽廃せしむるの結果を招来せざるを得ない。」

　「余りに稀少なる享楽の機会しか与へられざる時は、それは娯楽として

の社会的機能を果し得ざることとなる。」（19頁）

　民衆における娯楽的欲望から、娯楽を生み出させる過程を権田は問うた。「過不足なく合宜的に」娯楽が提供される中で、娯楽を成立させるのは民衆であるという彼の認識がうかがえる。

民衆娯楽対策の具体化

　民衆娯楽対策における「実行方面」について、権田は[1]娯楽そのものと[2]娯楽施設に二分した。次にみておきたい。

　[1]娯楽そのものを新興、在来に大別した。

　新興娯楽について、「近代的民衆の生活がその生活の必然より生み出せるもの」、「近代的民衆生活の反映として存在の意義が存する」こと、および「民衆娯楽として最も力強き表現であつて、生気の溌剌たるを認め得る」一方で、「所謂生なる点が多分に残されてゐる」ゆえに「相当なる趣味的醇化が要求せらるゝ」ことを指摘した。

　在来の娯楽について、「今日の民衆の情調を育み来つた素因」であり、かつ「已に完成せる娯楽形式」を持つが「近代的民衆の生活より一歩々々取り残されて行く」傾向があり「現代民衆の生活外に逸脱し消滅して行くこと」を危惧した。

　二つの娯楽と近代的民衆の生活との吻合を考察し、現代生活化することの必要性を権田は説いたのである（同前・20頁）。

　[2]娯楽施設について、①営利的娯楽業者、②農村娯楽に対する施設、③民衆娯楽に対する官公的施設に大別し、課題を権田は提示した。

　①営利的娯楽業者には、「近代的民衆の娯楽的欲望の充足」を評価しながらも「現代社会生活の上に及ぼす弊害」を問うた。不当な逸出に対する合理的制限、「社会公益的施設」に対する奨励と援助、「営利心の純化」を権田は指摘した。

　②農村娯楽に対する施設には、「今日の農漁山村は娯楽に欠如してゐる」という前提に立ち、今日の生活者の情調に応じ得ることを課題とした。伝来娯楽を新時代化することや都会に発生し発達した新興娯楽を農漁山村向きに改更して、生活者の生活の中に「持ち来すべき施設」である点を権田

は提唱した。

③民衆娯楽に対する官公的施設には、「広範囲に及びて有効なる結果を所期」する際に「公営」の意義が大きいことを権田は指摘した（21–22頁）。

権田は民衆娯楽に対する対策や施設が十分に考究・実行されることで、民衆娯楽は本来の真価を発揮でき、社会教育における「真面目を得る」と述べる（22頁）。また彼は民衆娯楽対策の経緯について明治末期からふり返り、「娯楽が極端に民衆生活より引き裂かれようとされた」時代から、大正年期日本の社会経済状態が一変し、民衆生活と娯楽の関係に新しい相貌を呈させ、欧州大戦後の社会状態の変化は娯楽に対する従来の考え方を抛棄させたと捉えた（同前）。

娯楽はどうあるべきか、「よき娯楽」像が模索された。権田は、日常生活の問題において「単純なる道学的の善悪の標準」のもとに娯楽があることで、人々の娯楽への欲求が満たされ、民衆生活問題や社会問題が解決するとは捉えなかった。「よき娯楽」像を確立させて、そのまま娯楽的欲求を適合させるだけでは自己回復にはならないという。

権田は、娯楽を「社会の実生活に直面してゐる大民衆の教育」における「最も効果的な教育手段の一」とみた（3頁）。「よき娯楽」を「過不足なく合宜的な方法」で提供するための対策と施設が求められ、供給に関して「公営」が保障されなければならない。娯楽が「教育意識の対象」や「教育的目的観念」に位置づき、社会教育が「新しき教育価値の創造に一天地を開拓した」と捉えた。社会教育が「大なる局面局面を展開せしむるに至つた」のは「社会生活状態の変遷」であると彼は述べる（同前）。

「よき娯楽」とは何か。「『よき』か『あしき』か」を「単純なる道学的の善悪の標準」で律することは不可能である。ゆえに「民衆娯楽は何よりも先きに『娯楽』であらねばならぬ」という「公準」を示したことは、民衆の「精神的食餌」である娯楽をその本来の姿を発揮させることであるというのが権田の理解であった（18頁）。

2. 事実としての民衆娯楽

権田は、娯楽を民衆娯楽問題という側面から捉え、「これが透徹せる考

察と、これに対する政策の確立」は「焦眉の急務」だとした。民衆娯楽問題は「学者が書斎で捏ね上げた抽象的概念の産物」ではなく、「社会生活が街頭より自然に生み出した具体的事物の産物」であるという彼の理解があった（『民衆娯楽問題』1921・序2頁）。

民衆娯楽問題考究の際の留意点として「事実としての民衆娯楽」と「政策としての民衆娯楽」の「別」をあげ、「何処までも『事実としての民衆娯楽』を突き詰めて、其処に始めて政策を樹てねばならぬ」と彼は主張した（『民衆娯楽の基調』1922・序1-2頁）。社会教育調査委員として民衆娯楽実態把握に携わった際に、「先ず以て民衆の間に就て、民衆娯楽の実態を詳しく知る」べきだと指摘した（「民衆娯楽政策上の理想論を排す」1921c・123頁）。

また一般に「人生が弛緩し、其の間に隙間が出来て来た場合」に「初めて『娯楽』といふ遊蕩的表現が生ずる」ことや「『娯楽』とは人間生活の根本義からは脱線した」もので、「それ無くても人生は考ふることが出来、否、寧ろそれ無き方が人生の真が考へ得る」とされる点を疑問視した。そこで権田は「人間活動」を次のように捉えた。

「人間活動」理解

①「人間活動に『目的』が外存して即ち他目的である場合には、其の人間活動は其の外存する目的の為めに必要であつて、其の目的なしには其の活動は無意義である。その時の態度は結果に甚だ多くの意義を認めて、過程に甚だ少い意味を置いてゐる」（「娯楽の真剣味」1921g・147-148頁）

②「人間活動其の物に『目的』が内在して、即ち自目的である場合には、其の人間活動は其の活動其れ自身の為に意味があるのであつて、過程自身が唯一のものになる」（148頁）

権田は娯楽を②にあてはめる。人間活動は「過程に極めて多くの意味を認めて、結果に極めて少い重要さを置いてゐる」ゆえに娯楽が成立すると彼はみた（同前）。

第5節　娯楽至上主義の視点

1. 娯楽に関する問題意識

　権田は、新興無産階級、都市労働者の生活を次のように捉えた。「労働の閑暇」として与えられた「休養のための時間」が「極度に切り詰められた」状態にある。ゆえに「当該者が自由に作り得べからず又予定し得べからざる」中で、彼等が「極めて乏しく与へらるゝ休養の時を楽しみ得るに過ぎない」状態、すなわち「零細な暇を極度に娯楽化して、生活の再創造を企てなければならぬ」状態に置かれていることを問うた[9]。

　「生活創造」とは、資本家、生産主義の論理に基づいた「将来の生産に対する再創造、明日に於ける今日よりも、より多き生産の為めの再創造」（「社会生活に於ける娯楽の一考察」1924b・『民衆娯楽論』1931所収 48頁）で済まされるものではない。

　権田は、「勤労大衆の生活に於ける生活享楽費の問題」（1936a）[10] において、「生活享楽の為めの費用」が「勤労大衆の家計に於て如何なる位置を占めて居るのか」、「勤労大衆の夫々の職業種類」や「生活程度の差等」によって「如何なる差異を現はし来るものであるか」について追究した（17頁）。

生活享楽費

　「既に『生活享楽』なる語が其の見方の如何によつて、広狭何れにも解釈し得らるゝのであつて、所謂文化費は云ふも更らなり、社会生活費より進んでは第一生活費たる生活必需の費用すらなほ生活を享受する為めの費用とも解し得らるゝのである。此くの如くに生活享楽を広義に解する時は、生活を営むこと之れ即ち生活享楽となるであらう。然しながら私が此処に取扱はんとする『生活享楽』は極めて狭義の概念であつて、生活の余裕を楽しむことの意に解するのである。」（同前・18頁）

　権田のいう生活享楽費は、娯楽費と嗜好費から構成される。娯楽費には娯楽歓楽、修養娯楽（新聞図書）、旅行（遊山その他旅行）に関わる費用が、

嗜好費には嗜好（酒、煙草、菓子、果物、飲料など）に関わる費用が盛り込まれていた。

勤労大衆の家計の特徴

　権田は、勤労大衆（労働者および小額俸給生活者）の家計を次のように特徴づけた。

　[**1**] 生活享楽費における娯楽費と嗜好費の占める割合

　労働者家計および小額俸給者家計ともに「嗜好費の占むる割合は漸次低減して行くのに反し、娯楽費の割合を漸増せしむる傾向を示してゐる」ことを権田はみいだした。彼は、社会生活および文化の発展が背景にあり、生活享楽が有する社会生活的意義と生活享楽そのものの純化発達を指摘した（同前・21 頁）。

　[**2**] 労働者および小額俸給者の家計

　娯楽費は収入段階の上昇に伴って、著しい増加の割合を示す一方、嗜好費の割合は減退の傾向にあると権田は指摘した（25 頁）。

　[**3**] 娯楽費

　興行物観覧を主とする純娯楽のための費用が大部を占め（26–27 頁）、微少ながら「累年夫等の実支出総額中占むる割合」が増加してきたことに、勤労大衆の生活における娯楽享受の意義がみいだせると彼は指摘した（28 頁）。

　[**4**] 嗜好費

　菓子果物の額が大部を占め、「酒は流石に労働者家計に於ては高い率を示す」が、菓子果物類の費用に比べるとその半額より少し多きに過ぎない。給料生活者家計における酒の位置は、労働者家計のそれに比して遙かに低いこと、双方の家計とも収入段階の上昇と共に嗜好費の総額は増高するが、実支出総額中に占める割合は、収入段階の上昇に伴って低減の傾にあると権田はみた（30–32 頁）。

　権田は現代勤労大衆の生活における生活享楽の状況を、その生計費の側面から観察した。生活享楽が決して「恣意的な不定型的なもの」ではなく、「極めて厳粛なる確定的な事象」であることを強調したのである（33 頁）。彼によれば、生活享楽が個人的および社会的生活においていかに占めてい

るかは明確なる事実であるが、「人間の先づ生きんが為めの要求」の満足、「社会生活を営むべき為めの需要」の充足の方が第一とされるゆえに、「余りにも軽視され、無視され勝ちな傾」がいまだにあると指摘された。

「恵まるゝことの薄き」勤労大衆の生活表現において、その「極めて零細なる」生活費中、「その一割四分強の費用」が生活享楽に捧げられている点こそ、彼等の生活に大きな意味を持つと権田は主張した。米麦類に対する費用が「一割八厘」である点から、いかに生活享楽費の比率が高いかを物語る。ゆえに高出費である生活享楽費が果たして勤労大衆のために「十分完全に生活享楽的能率」を発揮しているか、重要な問題だと彼は強調したのである（33–34頁）。

2. 娯楽の普及
大衆化の意味

権田は「娯楽界漫評」（1937）において、市民行楽に注目し大衆化の本来の意味を考察した。彼は、大衆化について、大正デモクラシー期を振り返り、「仮令本当に大衆化され得なかつた迄」も「特権階級的なものを一般大衆の理解や味得の対象としよう」とする意図と熱意が認められたとする。一方1937年当時よく耳にしたという「何々の大衆化」や「何々の大衆時代」について疑問を投げかけた（171頁）。

ゴルフ大流行（ゴルフ場やゴルファーの増加）、ラジオによる能楽の放送、大学生における謡曲趣味、古典趣味（習字、茶の湯、生花、囲碁など）等への関心の高まりについて権田は、「特権階級的趣味娯楽の民衆化」ではなく「特殊大衆の趣味の特権階級的趣味化」の危険性があることを指摘した。大衆とは何を指すのか。実は全体の「或る極小部分のもの」に過ぎず、それが「其の趣味、其の娯楽を歪曲して、以て特権階級的な趣味娯楽の範疇に己れを嵌め込ます過程」を生み出しているのではないかと彼は問うた（同前）。

行楽の流行

権田は、「萌ゆる野山に光を分けて」市民が「土に憧れ、光を慕つてゐる」

こと、つまり行楽流行の中で、呼応するように鉄道省をはじめ私鉄、郊外電車が「行客の誘致に努める」動きに対して、「運賃の割引も結構、車掌の増結、列車の増発も亦無論結構である」が、「国民保険の上にも、国民精神の上にも極めて大きな影響のある」市民の行楽を、「唯だ人間を荷物の如くに大量にどしどしと運搬することを原則としてゐる」運輸業者に任せて「知らん顔をしてゐる」状況に目を向けた。これを行楽の大衆化現象として、喜ばしく受けとめていいのかと問題視した（同前）。

　ここには権田が指摘した、勤労大衆の生活における生活享楽の重みはみえない。娯楽が満ち溢れているが、人々はそれに酔うのみであり、娯楽の問題は本質的にみいだせない。

流行歌について

　権田は「流行歌の商品性と文化の問題」（1936b）において、流行歌の本質が俚謡や民謡とは異なるとして、その問題性を考察した。

　権田は、民謡が「その土地、その住民の生活の間から自然に何時とはなしににじみ出した」こと、「その郷土とその度明の生活とが続く限り何時までも歌い続けられて行く」ことに対して、流行歌は「悠久の郷土、悠遠の自然、変らぬ民情といふ『不動』の上に根柢しいる」のではなく、「変転する社会、推移する人間関係、移ろい行く人の心」という「動揺」に基礎をおくとした（312–313頁）。

　流行歌が絶えず新作を現したことについて「時代が作り人心が作り、時代が歌わせ人心が歌わせてゐた」ことを特徴としてみいだした（317頁）。流行歌の特性つまり「広い大衆の興味の対象」である点がレコード企業による「需要の集中と累積」の対象にされたゆえに、流行歌は「常に新式のものゝ製作、絶えず新規のものゝ供給によって新需要を開拓し、〔中略〕より多くの利潤を勝ち得ん」とする方向に進むしかない。つまり資本主義経営の原理の拡充に過ぎないと権田は述べた（316頁）。

娯楽の普及の意味

　産業色の強い娯楽が娯楽享受の一般化や民衆化に一定の役割を果たした

ことは否定できない。しかし生活享楽の意義が認められはじめ、勤労大衆の生活において微少ながらも彼等がその重みを噛みしめてきた状況から、娯楽が社会の変動や人々の関心の変化によりながらも、商品としての側面のみで、その発達や普及が可能なのかを権田は問うた。権田がいう娯楽とは、商品としての娯楽ではなく、人々の僅かな暇が「生活の再創造」や自己回復、自己創造をもたらすために期待される娯楽であろう。

モダン生活

　権田は「所謂『モダン生活』と娯楽」(『民衆娯楽論』1931)において、暇なき労働者の生活を問題視する過程に、生産生活を捨象した単一化の傾向をみた。

　彼は「其処に生活し職業するものをして、いよいよ生産の原型」から「遠ざかつた仕事にたづさはらしめ、生産を捨象した生活の情調を構成させるやうになる」状況について、それが「近代に於ける生活解放の思潮」の産物であり、「大衆主義の大きな濤が自由不覊な無拘束な生活を随所に打ち立てることを認容する」ものであると評価した(104頁)。一方そうした生活について「趣味性が足の地に就かない、底力の無い浮つ調子の、気まぐれの、繊弱でしかも奇矯な、そして権威に対する妄模倣としての外国模倣」や「ディレッタンティスムスに堕ち込んで行く」のは、「生産の生活を捨象し、労働生活と絶縁し」ているゆえで、当然の結果とみなし手厳しい(106頁)。こうしたモダン生活について、その体現者として労働に無関係な学生、ブルジョワ階級の青年男女を彼は指摘したのである。

　権田は娯楽至上主義の視点に立っていたと考える。人間生活において娯楽が労働や生産と同列に位置づくことで、はじめて生活は成立するという理解である。

第6節　民衆娯楽問題と社会教育

民衆娯楽と社会教育

　権田の問題関心は、極僅かに限られた暇をいかに娯楽化させるかにあった。彼は「民衆娯楽」（1939a）において次のように述べた。

　「民衆娯楽の価値としては、その発生に省みて、それがリクリエーション（再創造）にあるは云ふまでもないが、それは寧ろ消極的側面であつて、真の価値、即ち積極的側面は、それが民衆の情意陶冶の手段となり、その目的を達する点にあるのである。社会教育に於ける民衆娯楽の問題は、即ち民衆娯楽のさうした価値を認めて、良き娯楽が過不足なく普く民衆生活に遍通することを理想とし、この水準に拠つて現代民衆の娯楽生活を考察して、そこに発生する問題を取扱はんとするものである。」（2212頁）

　権田は、①「良き娯楽が過不足なく普く民衆生活に遍通すること」を理想に、②良き娯楽の一般化という現代民衆の娯楽生活の問題の解決に向けて、社会教育にその役割を期待したのである。

「社会教育」理解

　権田は、社会教育の本領を「社会公衆の間に行はれてゐる事実である」こと、その完成は「社会公衆の間にある所の事実を、其の事実に即して之を拡充させてやる所にある」と解した（「公衆娯楽と社会教育」1921a・45頁）。

　権田は、社会教育について「既に人生を生きつゝある人々」に対して「人生の内容を充実させ」るものであり、「今日の社会生活状態」を基盤として「一問題となつた」と述べ、「学校教育の補助なり、又は代用物なり」とは解さなかった（「社会教育に関する一考察」1922g・231–236頁）。

　「単一化された多数民衆を背景とした知的教育の為め」の学校教育が「大規模に出現せしむるに至つた」と同様に、「単一化された多数民衆の情意を基礎」とした社会教育が「時代の一大問題として提起」されたことについて、「今日の社会生活状態」が両者の問題を顕著なものにしたのであり、

その根源は資本主義社会にあると彼はみた。

　権田は知識階級の思想ではなく「社会一般公衆に存在する事実」から出発すべきだと強調した。民衆娯楽問題は「学者が書斎で捏ね上げた抽象的概念の産物」ではなく「社会生活が街頭より自然に生み出した具体的事物の産物」であり「何処までも『事実としての民衆娯楽』を突き詰めて、其処に始めて政策を樹てねばならぬ」という。そうでなければ民衆娯楽をめぐる判断や選択は民衆から離れてしまう（『民衆娯楽問題』1921・序 2 頁、『民衆娯楽の基調』1922・序 1–2 頁）。

民衆娯楽における政策観

　「社会生活に於ける娯楽の一考察」（1924b）によると、民衆娯楽の問題は数年来、可成り多くの人々によつて研究せられ、其の結果の発表〔中略〕の大部分は一種のディレッタンティズムに堕するに非ずんば、低級なる恩恵的社会政策論に終始するを免れ得なかつた。而して其の実行せられた娯楽政策なるものも、或は無省察なる一時的流行の追及か、或は温情的なる施設による特権階級の優越感の表現か、或は或種の思想宣伝への槐儡としての利用か、其の一を出づることが出来なかつた感が多い。」（『民衆娯楽論』1931・7 頁）

　権田は「民衆生活に対する正当なる理解」や「娯楽そのものに対する徹底的なる考究」が必要不可欠だという。彼は「娯楽そのものに対する考察」を行い「人間生活に於ける娯楽の意義及び範囲、娯楽の起源列びに社会生活に於ける娯楽の効用」を研究した（8 頁）。

生活享楽

　権田が追究した民衆娯楽は「生産万能より生活享楽への推移」の一表現であった。つまり①「奉仕して生存する階級の人も、奪うて享楽する階級の人と同等の生活享楽を主張し得べき発言権を自覚する」こと、②「奪うて享楽する階級の人も奉仕して生存する階級の人に対し、従来は自己階級の特権なるが如くに思惟し来つた生活享楽を頒与することが公正なる態度であるべきことを認識するに至つた」というその過程に他ならないと彼は

指摘した（同前・6頁）。

　そこで権田は、「生産の為めの再創造」を否定し、「創造の為めの娯楽」、および「創造の為めの生産」に立脚した「人間生活の創造の為めの娯楽」を提唱したのである（50頁）。

娯楽であること

　権田は「民衆娯楽と教育」（1932）において、民衆娯楽が「その内に極めて豊富なる教育的内容を盛り得るものである」点に「社会教育手段」としての意義をみいだした（14頁）。娯楽を「大衆の最も多く好む所を以て、従つて最も弘く、又最も深く、大衆の間に行き渉り得る手段」であると権田が解したことに基づく。また彼は娯楽すべてがそうではないとして、その「社会教育的価値段階」を示した（同前）。その際「よき娯楽」について、「何よりも先きにそれが『娯楽』であらねばならぬ」と権田は捉えたのである（18頁）。

第7節　「娯楽公営化」構想

1. 社会対策と映画

「企業化」「時間促急」

　権田は、明治後期に登場した活動写真が大衆娯楽の王座的存在になった点を、「現代の人々が活動写真に深い興味を感じてゐる」事実として捉え（『活動写真の原理及応用』1914・序言8頁）、「活動写真を中心とした文明論」を展開した。

　民衆の「現代の生活」と活動写真の関係について、「現代の生活」は資本主義経済のもと「企業化」から免れ得ず、芸術も同様である。「企業化」の生活への影響は「時間促急」として現れた。実用性が重んじられ、芸術は生活の中で楽しむものが好まれ、「低廉の値で芸術を販売する」ことから、その普遍化が可能になると権田は解した（446–451, 454頁）。

娯楽の「社会的施設及対策」

　近代都市娯楽の「社会的施設及対策」の必要について、『民衆娯楽論』（1931）で権田は次のように述べた。

　「近代社会経済の出現は在来の社会生活に著しき変革を齎らし、幾多の全然新しき現象を顕現せしめた」。

　「『近代都市』の如き、『無産労働階級』の如き」は「極めて顕著なる事象」であり「近代都市に於ける無産階級の生活」に「私が取扱はんとする『近代都市娯楽』が成立し、展開する」（221頁）。

　近代都市娯楽は、「近代都市の生活が新興の無産労働者階級の生活に現はれて、其の一部を形作」り、「娯楽の様式を根本的に変革せしめ」ることから「新しく創造した民衆娯楽」である（222頁）。「生活表現のバラエティーを減失しつゝ漸く単一化されんとする無産大衆の生活」を背景に、近代都市娯楽の重心は興行物的娯楽にあり、その供給組織は企業化することを特質とした（229–230頁）。

　「社会施設及び対策」について権田は次のように述べた。

　①「都市生活者の生活内容を充足豊富ならしむるに足る所のよき興行物的娯楽を最も合宜的な方法を以て、営利的打算を離れて、都市生活者の前に提供する」こと。

　②「営利主義の原則に準拠して経営されてゐる営利的興行物的娯楽設備に対して、適当なる制扼と相当なる啓発の手段を講じ」ること。

　③「よき興行物的娯楽が適当に都市生活者の生活に供給さるべき様に努力する」こと（232頁）。

　「近代都市生活者の生活の重要なる一部分を形作りゐる」娯楽の供給を企業化することで、「娯楽が営利主義の原則によつて左右され、其の手足になる」と権田は危機感を持った（232頁）。ゆえにその社会対策として「不当なる逸出に対する合理的制限」、「社会公益的施設に対する援助及び補助」、「営利心の純化」を（234–235, 237頁）、その社会施設として「興行物的娯楽場の公営」を（240頁）権田は指摘した。

　「失はれ勝ちなる近代都市生活者の生活情調」の回復に向けて「一般近代都市的民衆娯楽」が「よき興行物的娯楽」を中心に「最も合宜的に都市

生活中に織り込まれ得る」ことを課題としたのである。「生活情調の平衡」
で娯楽が果たす役割に彼は注目した。

社会対策の具体化

　権田が映画興行に注目したのは「『廉価』に立脚する」近代都市生活者
の娯楽的需要と「低廉にしてしかも相応強い『刺激』を伴ふ快感を望む」
その娯楽的要望に最も合致するという認識に基づく。統計からは次の点が
うかがえた。

　①「東京市及隣接郡部に於ける映画常設館・劇場及寄席入場人員累年表」
（警視庁統計書）から「明治四五年大正元年に三大興行場入場者全数の五割
七分を占めていた」映画興行が「大正一五年昭和元年にはその七割二分を
占めるに至った」こと（同前・256 頁）。

　②「東京市及隣接郡部に於ける映画常設館数及入場人員地区表」（警視庁
統計書）から労働者居住地域における映画の要求が他に比べて遥かに大き
いことや、小額俸給生活者居住地区の状況も労働者居住地区のそれに相似
があること（260 頁）。

　権田は、映画興行が「労働者及び小額俸給生活者の生活と極めて緊密な
関係に結び付けられてゐる」ことを指摘した（261 頁）。労働者および小額
俸給生活者が「近代都市生活の中堅」を形作っていることから、映画興行
はその生活と「極めて密接なる関係に立つ」のであり、「近代都市的民衆
娯楽としての展開」が認められるゆえに（261 頁）、適切なる社会対策が樹
立されねばならない。

民衆娯楽施設の公営と児童映画日の実施

　権田は、次の二点を指摘した。

　[1] 近代都市的民衆娯楽の第一位的設備

　「よき娯楽を過不足なく合宜的」に大衆生活に到達させる為、「営利的映
画興行に対する制馴と啓発」、「広義に於ける教育映画製作の奨励」とその
国営および「映画映写施設（一般興行物的民衆娯楽施設）の公営」をあげ
た（同前・265 頁）。

［2］青少年者に対する諸興行の影響

「青少年映画館の公営」、「学校に於ける児童映画の公営」および「教育者の全管理の下に映画常設館に於ける青少年映画日の開催」を（271頁）提起した。

権田は、近代都市娯楽である映画興行が、近代都市の生活者の「失はれ易き生活情調の平衡」を取り戻す大きなよすがであるゆえに、社会対策の樹立と実行を通して娯楽の公営化を構想した。

すなわち彼は「教育映画運動と其社会的運動」（1930c）において、教育映画運動が「切実な社会的運動」であることを指摘したのである（『民衆娯楽論』1931・277頁）。その根拠は次の二点にあるとした。

①「社会大衆の生活の痛切なる娯楽的需要」をもとにする映画興行が「営利中心の映画」であることから、利潤増殖の為にその映画の内容に何物をも盛り来らんとする「大胆さと無遠慮さ」を「極めて露骨に現はしつゝある」状態に置かれていること（282-283頁）。

②映画は学校教育の範囲に局限されず、「大衆一般を教育客体とする」社会教育の分野において、他に代わり得るものが存在しない程優秀な性能を有していること（286頁）。

その目標は「不当なる非教育的又は反教育的逸出の防遏」と「映画が有する教育価値を無碍に発揮せしめんとする」ことの併行にあった（286頁）。社会大衆の生活とその教育とに関わる重要な問題と権田は認識した（287–288頁）。

2. 教育映画
「娯楽公営化」構想

権田は教育映画運動の実現に向けた課題を次のように把握した。

［1］教育映画の概念の構成要素

教育は学校教育と社会教育から、映画は製作、配給、公映から構成される。後者の三要素のうち、製作と公映が重要とされた。製作において製作主体、製作映画のあり方を、公映において公映主体、公映客体、公映場所、公映時間のあり方を彼は指摘した（同前・301頁）。

［2］教育映画の意図

　教育を目的に最も適切に表現された映画を、最も適応な手段方法による公映であり（305–306 頁）、興行映画に対する「教育的検閲制度の確立」と映画興行に対する「教育的取締の徹底」および映画事業の各部門の組織化系統化の貫徹を意味した。映画公映設備の全国的組織化、民衆娯楽館や児童映画館の経営を権田は目指したのである（306–307 頁）。

　これを権田の「娯楽公営化」構想と捉える。その具体的方策が、児童映画日と公営児童映画館であった。

児童映画日

　児童映画日について、権田は「映画の内容が愈々児童青少年者の生活と密接な関係に立つ」ようになったことが、「興味中心の大人本位」の映画興行における問題性を顕著にさせ、児童青少年における「広い意味の教育」の問題を浮き彫りにしたという（『民衆娯楽論』1931・309–311 頁）。権田は「公共団体・公益団体が関係してゐる」だけでは、「児童映画日の価値」を判定し得ないとみた（313 頁）。

　児童映画日には以下の場合が考えられると権田は指摘した。

　①「営利的興行者が其動機は何にせよ、全く自発的に、自分が経営しゐる映画常設館で児童の為めの此のやうな興行をする」場合。

　②「公共団体とか公益団体とかゞ営利的興行者を勧誘して、彼等の経営しゐる普通一般の大人向きの興行の間の時間を割きて、任意に児童の為めの興行を行はしむる」場合。

　③「教育団体とか、学校団体とかゞ、或る一定の時間、其興行設備の一切を常設館経営者より提供せしめ、教育団体又は学校団体が特に選んだ映画を以て、其の為めに特にしつらへた設備及び方法によつて、児童の為めの上映を為す」場合。

　④「都市公共団体などが、特に映画館もしくは一般民衆娯楽場を公営して、その中に特に児童の為めの映画上映をなす」場合（312 頁）。

　権田は「児童映画デー施設私案」として次の点を提示した。

　［1］「児童教育に関係ある人々による映画の選定」と「学校関係者によ

る映画興行の一時的管理」に立脚する「映画公映設備の学校中心主義」を
確立させること。

　[2]「一般映画興行から児童青少年者を引き離す」ために児童映画館を
設立すること（326頁）。

公営児童映画館

　公営児童映画館について「『民衆娯楽』の有する社会的必然性と社会的
重要性」という観点から権田は次のように述べた。

　「現代社会に於ける人々の生活と娯楽とは、到底分離して考へ得べからざるもの」である。よって「『娯楽』が現代人の生活そのものゝ一構成分子となり、『娯楽』なしには現代人の生活を考へ得られぬ程の、極めて切実な関係に於て然りである」。これは「近代的大都市に於ける無産大衆の生活に於て、その最も著しきに接し得る」（同前・329頁）。

　都市娯楽は興行物的娯楽をその特徴とし、中でも著しく発展拡張している映画興行が「現代の都市生活者の生活の上に、精神生活の上に、多種の意味、多様の方面よりして重大な反作用を及ぼしつゝある」。よって「教育上社会上の諸観点」から「都市在住の年少者の教育と映画興行との関係に関する種々の問題」を生み出してきた（330-331頁）。したがって無産階級者の子女と映画興行における「教育上及び社会上」の関係は、彼等の生活の性質から来ていると彼は指摘した（345頁）。

　「よき娯楽」を合宜的に享楽させることが娯楽対策の根本であり、無産階級者の子女が最も愛好する映画娯楽に対しても「よき映画娯楽」が安く「適宜の方法手段」で提供されるべきだ（336頁）と権田は述べた。映画娯楽対策について「何処までも『娯楽』である」（343頁）と彼は考え、問題は都市問題、都市行政問題に由来するとみた。

　権田は「確実にして唯一」の対策として「公営」に注目し、児童映画館に止まらず民衆娯楽館として、無産階級者に「豊富にして高級なる」娯楽を廉価に供給することの必要性を説いたのである（348頁）。

権田の渡欧体験の影響

権田の「娯楽公営化」構想はドイツの民衆娯楽動向に示唆を得たと思われる。1924 年から一年間大原社会問題研究所在外研究員として彼は渡欧した。

［**1**］ドイツの文化政策、特に映画製作体制における「映画製作業の社会化」、および「映画公映の自治体化」に権田は注目した（「教育映画運動の本質と教育映画運動」1928a・133 頁）。

権田は文部省における教育映画事業への関与から、その配給組織形態、つまり娯楽供給に関心を寄せ、昼間は青少年対象の映画館、夜間は一般民衆対象の民衆娯楽供給の場として機能する「民衆娯楽館」を構想した（『民衆娯楽論』1931・265–268 頁）。これは実現をみなかったが、その根底にはドイツで見聞した市営民衆娯楽館、映画館があったとされる（『民衆娯楽論』1931 所収 348 頁）。

［**2**］ドイツが第一次大戦後、革命を経て模索した民衆娯楽政策に権田は注目した。彼は「ドイツ社会革命」に示唆を得て、社会革命（変革）と民衆娯楽を同列に置いた。民衆娯楽の民衆生活に対する作用として、「民衆生活の裡よりの声」と民衆生活の陶冶を指摘した。「民衆の声としての民衆娯楽」を第一とする彼の基本は保持されている（「社会革命と民衆娯楽」1922i・2–3 頁）。「民衆の情感が最も端的に表はし出されて居」り、「社会生活が行き詰まりになつて何らかの改変を期待せずには居られない」場合には、「民衆の情意」が発現すると権田は認識し（48–51 頁）社会革新は被支配階級への忍耐の限度を超えた際に生じるゆえに、民衆の情意を直接反映する民衆娯楽は社会制度のありようのいわば反射鏡になるだろう。

注

1 寺出浩司（1982a）「労働者文化論の形成と変容—権田保之助—」192–193 頁。
2 渡辺暁雄（1990）「『民衆娯楽』から『国民娯楽』へ—権田保之助・「近代」民衆と娯楽論の変容—」88–90 頁。
3 渡辺暁雄（1998）「権田保之助」245 頁。
4 中鉢正美（1982）「早咲きの生活学者」3 頁。
5 同前・3–4 頁。

6 寺出浩司（1983a）「民衆生活の『自立』視点から『防術』視点への転換―権田保之助の民衆娯楽論の展開をめぐって」5–6 頁。

7 文部省社会教育局編（1931）『（民衆娯楽調査資料・第 1 輯）全国農村娯楽状況』2 頁。

8 権田自身も携わった文部省社会教育局編（1935）『（民衆娯楽調査資料・第 8 輯）学生生徒の娯楽に関する調査』に所収の同調査結果に基づいて示された見解である。

9 例えば、権田『民衆娯楽論』1931・223–224 頁などで度々主張されている。

10 権田保之助（1936a）「勤労大衆の生活に於ける生活享楽費の問題」『大原社会問題研究所雑誌』6, 7 月合併号。これは権田が内閣統計局「自大正十五年九月至昭和二年八月家計調査」および農林省関係の米穀法改正に伴う米穀法施行令に基づいて米価統制の基本資料作成に際して 1931（昭和 6）年以降累年施行された家計調査結果報告のうち既発表の「自昭和六年九月至昭和七年八月第一次家計調査報告」、「自昭和七年九月至昭和八年八月第二次家計調査報告」および「自昭和八年九月至昭和九年八月第三次家計調査報告」に基づいている。

結　論

I. 社会教育史における権田の娯楽論

　通説をひもとくと、近代社会教育の成立根拠は、教育と形成における脱形成論が主軸であった。この意味で近代社会教育は、近代学校制度の成立後に、学校制度に対する、あるいは義務教育制度に対する矛盾として成立したとされてきた。それが、特別の目的と組織をもった近代社会教育のもとになっているという理解である。そうであるならば近代社会教育は、人間の日常生活において、おのずからなる根本的機能として営まれてきた形成としての社会教育とは異なるものとなろう。

　その一方で、近代社会教育に対して、形成のもつ機能に意義をみいだす考え方があり、本論はこの立場に基づく。社会生活や個人の生活を成り立たせるために必要であろう、躾や仕込み等にみられる形成を社会教育の成立根拠と捉えるものである。また民衆の日々の想いがどのような生活基盤においていかなる過程を経て生み出されてきたか、考えさせられる。

　権田の娯楽論はここに位置づけられる。つまり民衆生活において行われてきた形成としての娯楽論である。「一国の文化は、まことに何気ない生活の表情のなかにあるものだということを常に感じている」という文化論に権田は重ね合わせながら、自身の娯楽論を展開させている。

　権田は、娯楽を「民衆の何気ない生活の表情」のあらわれと解した。これが彼の民衆娯楽論の土台になっている。したがって本論では、権田の生活事実としての娯楽論を社会教育の形成過程と捉えて論証を行った。

近代娯楽論者の論点
　まず近代娯楽論者の論点を三つの型に大別した。
　[1] 民衆・労働者の余暇管理説

例えば、垣田純朗は、「国家及国民の元気、富実、進歩、教育を奨励する」娯楽倶楽部を提唱し、戸取萬は、娯楽を「世事繁雑な社会で奮戦苦闘する人々にとって人格を高める手段であり、疲労する心身の唯一の慰藉薬になるものと定義した。同じ立場から橘高廣は、不健全娯楽に対して「警察的醇化作用」の必要性を指摘した。

[2] 娯楽の再創造説

例えば、森本厚吉は、単なる生存のために必要な必然的欲望を超えた、生活の能率的標準を保つことができる「文化生活」を実現させるために文化生活運動を展開させた。また大林宗嗣は、民衆教化的立場から、民衆娯楽の「教化的側面とリクリエチーブな方面」を考察し、労働による疲労を回復する手段に娯楽を位置づけた。

[3] 娯楽の民衆文化創造説

権田は、娯楽問題を「学者が書斎で捏ね上げた抽象的概念の産物」ではなく「社会生活が街頭より自然に生み出した具体的事実の産物」とみて、事実としての民衆娯楽と政策としての民衆娯楽を別物とした。また娯楽再創造説に反対し、権田は、労働や生産中心の生活とそれを当然とする道徳観に社会が縛られている状況を疑問視した。彼は娯楽をまず民衆生活において不可欠なものと定義したのである。

近代社会教育論者の娯楽観

次に近代社会教育論者の娯楽観を四つの型に大別した。

[1] 社会対策としての娯楽機関説

山名次郎や佐藤善次郎は、都市貧民対策として公園を、井上亀五郎は、農民社会対策として共同的遊戯を奨めた。また学校以外の教育の場の必要から丸山良二は、公園・動物園・植物園の設置をあげた。

[2] 社会改善事業説

吉田熊次は、情育に関する社会教育の方法として博覧会、芝居など通俗娯楽会の必要を指摘し、佐々木吉三郎は、都市改良の観点から社会改善事業論を展開した。文部省社会教育行政官である江幡亀寿と乗杉嘉寿は、国民の趣味向上や娯楽改善をめざした民衆娯楽改善事業を展開させた。

［3］余暇善用説

中田俊造は、各自が余暇を持ちその自由意思に基づいて有効に活用するための余暇教育の必要性をあげた。川本宇之介も、やはり労働の報いとしての余暇という立場から、社会教育機関施設におけるその善用を、人間の生涯を通じて継続的に施される自己教育の手段とみなしたのである。

［4］民衆教育説

権田は社会教育を民衆の手により民衆の間から生まれ出る民衆教育と捉えた。民衆を背景とし、民衆を舞台とし、民衆を観客とする民衆娯楽に彼は期待を寄せたのである。それは、広い実社会を背景とする活きた教育であり、学校教育との対等性を権田は説いた。

権田は、民衆娯楽について、知識階級からみれば低俗・劣悪・中途半端なものに映るだろうが、「理想的政策」でこれを奪ってはならないと述べた。民衆は「其の実生活の論理の延長の上に娯楽を建設せんとしつつある」ことを民衆娯楽調査（月島調査等）からみいだした。また娯楽内容の高踏化は娯楽費の昂騰につながる。つまりそれは民衆から娯楽が奪われることを意味しており、「民衆娯楽の危機」と彼は捉えた。民衆の家計状況と娯楽費は切り離せないものである。娯楽内容よりむしろ民衆生活、社会経済組織の改善が求められるという理解であった。実際に、権田は娯楽・サービス業従事者の生活実態調査を通して、彼等のはば広い教育的役割を認めながら、その連帯、組織化を呼び掛けた。それは彼等自身の学びの必要性への注目である。

民衆娯楽から国民娯楽への転換において、権田は、「僅少なる娯楽費」と「営利的興行的娯楽設備」のもと、いかに生活を享楽し得るかという問いをたてた。そこで彼は公共的娯楽施設の必要性を導き出している。また家計調査の観点から、物価と彼等の収入の「歩調を合はすことを得ず」ことを指摘した。これは生活上大きな問題である。労働者は組合組織に関心を寄せ、組織的地位改善に努めないのかと権田は問うたところがある。そうした思いが娯楽の公営化構想につながったと考えられる。

II. まとめ

第1章では、権田の民衆娯楽の基点になった美術工芸論について論述した。

権田は早稲田中学時代に社会主義思想に出会い、東京外国語学校ドイツ語科を経て、東京帝国大学に入学、美学を専攻した。指導教官は、日本における学術的美学の創始者とされる大塚保治であった。経験的心理主義に立脚し、視野広く社会、経済、政治問題を現実的に捉える大塚の研究姿勢は権田に影響を与えた。大塚に紹介された、ドイツ新歴史学派の流れを汲む、カール・ビュッヒャーやハインリッヒ・ウェンティヒに深く感銘を受け、権田独自の美術工芸論を生み出す契機になったとされている。それは文化問題を経済史的観点から解明する方法論であった。

権田の美術評論は、狭い国民性論から脱却し、生活概念の深化を基本としたものであった。当時の日本美術界に支配的であった純正美術至上主義に対し、生活と芸術を融合した応用美術を今後の芸術のあり方として説いた。

権田は、日本人の国民性の特徴として、先祖崇拝・家族主義、現世的・楽天的性格、趣味的・直感的、保守的・形式的、繊細、自然愛好をみいだし、その上に日本美術が成立しているとみた。芸術は政治、経済、社会的風潮という各々の時代精神を具体化したものであり、かつ時代の象徴でもある。したがって権田は、時代精神をより日常生活に即して捉えようとした。

芸術は現実生活に相触れることで、はじめてその価値が表現されるものである。同時に一個人のためのものではなく、万人の享楽の対象とならなければならない。これが、権田の芸術観であり、芸術が生活を根拠に形成され発展していくものであるという根拠になっている。

権田における、美術工芸論と、生活を基盤とした民衆娯楽論の成立のつながりがここにみいだせる。

第2章では権田の学問観について検討した。

彼は、民衆娯楽問題を社会生活が生み出した具体的産物と捉え、日本のアカデミズムにおける知識と生活の乖離を批判した。知識階級のあり方の捉え直しである。

　学問構造をめぐる問題の背景には学校万能主義・階級教育主義があった。したがって彼は公教育を批判の俎上に載せ、教育が教育者の独占から離れ、社会に公平に頒布されるべきものであるゆえに、社会教育を民衆生活における必然的産物、活きた教育と捉えたのであった。

　権田の思想、学問形成について、子息・権田速雄は「社会主義思想→マルクス→独逸語→哲学（美学）→民衆娯楽」とたどり、社会主義思想の限界から家族主義的復古思想へ傾き、唯物史観を批判し哲学の道に進んだのではないかとみる。ここから権田における学問と生活の並存を指摘できるだろう。

　つまり権田が展開した生活論には、民衆の側から新しい生活様式をつくりあげるという考えが明らかにつきとおされている。それを現実の生活の場にわかりやすくみえるようにしたのが、民衆を背景とし、民衆を舞台とし、民衆を観客とする、新しく生み出された民衆娯楽であった。

　権田の民衆娯楽認識には、学問と向き合う彼の姿勢が反映されている。

　第3章では、権田の娯楽論の展開をめぐり、民衆娯楽論から国民娯楽論への転換について論証した。

　権田の民衆娯楽論の鍵概念として、民衆中に、新興無産階級、民衆生活創造、反社会政策、反資本主義が指摘できる。よって彼は娯楽に関する通説である客観的存在説、過剰勢力説、再創造説に反論した。

　権田の民衆娯楽論を深化させた要因として、関東大震災による「娯楽なき人生」の体験があげられる。彼は、震災からの復興過程に現れた民衆の娯楽要求の高まりを浅草にみいだした。極限生活から人間として平衡を保った生活への復帰を切実に願う声として注目したものである。民衆生活における娯楽の大きさを再認識するとともに、娯楽に対する熱望が民衆の心に本能的に生じた状況を、その心が平常を取り戻し始めたというバロメーターだと権田はみたのである。

174　結　論

　したがってまず娯楽は、民衆文化の担い手たる民衆の本然的欲求である
ことが生活創造に不可欠な要件であり、それを促進力にして民衆生活が形
成されるのだというのが権田の「生活創造としての娯楽」説である。

　娯楽は生産能率向上、教育効果の増大、主義宣伝の為に存在するもので
はない。民衆の自立的な「生活創造の一因数」であるところにその固有の
価値がみいだせるというものである。生命維持の欲求と同時に人間の本然
的要求である生活美化の欲求が根底にあり、人々は娯楽の中に自己を発見
すると考えられた。

　合わせて、関東大震災からの復興過程に、民衆のエネルギーの喪失を権
田はみており、民衆娯楽の変質と捉えた。その特徴として次の三点が指摘
された。

　①娯楽の機会均等の実現がもたらした、一般の人々の趣味性の一致で
あった。これを権田はプロレタリアニズムと把握した。

　②伝統や慣習に対する反発から、娯楽の基が、枠を外れた生活、労働か
ら離れた生活をためらうことなく味わうことに移った。

　③権力や権威に対する反抗とナンセンス趣味が共存した。

　こうした民衆娯楽の変質の背景には、抑圧された生活からの解放と生産
生活・労働生活の捨象があった。労働を忘却した生活に現れる趣味性は、
労働の均衡を失った「変態嗜好性」という形で現れるよりほかはないと権
田はみた。民衆娯楽は新興無産階級＝労働者の生活様式において主体的に
成立したはずであった。しかし社会における早熟な民衆化、平準化のもと
に民衆娯楽はその特質が失われていく。この点にはマスメディアの発達も
関係している。ここで権田の民衆娯楽論の固有性であった「生活創造のた
めの娯楽」が大きく揺らいだのである。

　こうした民衆娯楽の揺れについて、権田は「娯楽の平衡運動」が行われ
ていると捉えた。彼によると、それは特権的高級趣味の低級化（例えば西洋
音楽の下降）であり、卑俗なるものの高級化（例えば浪花節や映画の上昇）であり、
農村娯楽の都市娯楽化であると言い表されている。ここで娯楽は階級や地
域を超えて平衡化されたのである。つまり民衆娯楽の平衡化、一般化を意
味している。

この平衡化は、1920年代後半はプロレタリアニズムの一般化を意味した。1930年代以降は質的に新たな性格があげられている。権田は、今や伝承の娯楽も、階級的娯楽も、農村娯楽も、皆残らず国民生活という大きな渦に投入されていると説明している。つまり娯楽の意味は以前とは異なったものになった。民衆の生活創造ではなく、国民大衆生活の愉悦化であり、かつ主体の変容であった。民衆は大衆として一般化・均質化され、国民として再編されたと権田はみている。それは民衆娯楽の解体を意味したのである。

　第4章では、第一に権田の娯楽調査の内容と方法の特徴に注目しながら、民衆娯楽問題と社会教育の重なりについて検討した。
　[**1**] 権田の統計論は新興民衆娯楽を大きな立場から捉えようとした点が特徴的であった。東京市活動写真調査、東京市寄席調査、月島調査、浅草調査、文部省民衆娯楽調査、倉敷工場労働者娯楽調査、娯楽・サービス業従事者調査等への参加が、権田の民衆娯楽論において、民衆生活事実の観察、生活の発見をもたらし、その主軸となった。職業と地域、都市新興労働者の生活像、文化圏の比較、子どもと娯楽の関係に彼は目を向けた。
　[**2**] 民衆娯楽の地域研究、盛り場の比較研究を行った。プチ・ブルジョワ階級の伝統主義（大阪）、知識階級の浅酌低唱主義（岡山）、プロレタリアートの伝統否定主義（神戸）と比較しながら、資本主義体制のもと力強く生きる民衆の生活が娯楽地・浅草を形成した点に、権田は惹きつけられている。
　[**3**] 権田の娯楽供給者に対するまなざしが特徴的であった。娯楽・サービス業従事者の声に注目し、その影響力の大きさを評価した。それは教育そのものの捉え直しでもあった。
　[**4**] 権田は娯楽の具体的動向として、農村娯楽調査、労働者娯楽調査、学生娯楽調査を行い、その把握に努めた。
　以上より権田は次の点をみいだした。
　①資本主義社会の膨張は国富を大きく増進させたが、人間の幸福に関しては必ずしもそうではないこと。

②人生において娯楽の意味は決して無価値ではなく、かけがえのないこと。

③恩恵的社会政策によって民衆生活と娯楽の問題が解決され得たと捉えるのは極めて安直で問題の本質を捉えきれていないこと。

人間は「生くる甲斐あらんが為めには享楽し遊戯するもの」である。そして「僅かに与へられた零砕」な暇を「極度に娯楽化」しているのが現状であった。関東大震災からの復興過程における慰安娯楽に対して、民衆が「自己慰安」を創り出した点がそれに相当する。これが権田の娯楽論の中に軸であった。

第二に、民衆娯楽から国民娯楽への転換との関わりから、権田の娯楽公営化構想について考察した。

権田は、その民衆娯楽論の展開に合わせて文部省の社会教育行政に関与した。それは「事実としての民衆娯楽」の発見を基底とした「政策としての民衆娯楽」の追究をめざすものであった。

権田は、文部省において社会教育調査委員、教育映画調査委員、民衆娯楽調査委員に就任した。社会教育調査委員として、活動写真説明者講習会の開催、映画推薦制度の設置に関わった。また民衆娯楽・教育映画調査委員として、民衆娯楽調査資料、教育映画研究資料の作成指導にあたった。文部省はこれを中心に映画教育中央会という外郭団体を持つまでになり、内務省との共管（後に厚生省、情報局も参加）で、映画法を制定した。他にも彼は、労務管理調査委員会員（内閣）、演劇・映画・音楽等改善委員会委員（内閣）、国民学校教科用映画検定委員（文部省）、入場料専門委員会専門委員（商工省）に携わった。権田のこうした経歴は民衆娯楽から国民娯楽への転換に位置づけられる。その過程で娯楽公営化を導き出したと考える。

権田には民衆娯楽館と児童映画館の建設構想があった。民衆娯楽館は、東京および大阪、両市の労働者階級の生活圏に、演劇、社交、知育、体育系統の施設をすべて対象とした、総合的娯楽場の国営を目指したものであった。料金は無料を原則とするという点からみても、実現不可能な構想であった。児童映画館は、無産階級の子どもたちが最も愛好する映画を廉価で提供することをめざしたものであった。これは、全日本活映教育研究

会、大毎フィルム・ライブラリー学校巡回映画連盟の結成、東京をはじめ各市において児童映画会の開催として具体化された。

　また権田は大原社会問題研究所在外研究員として欧州留学時に、ドイツ民衆娯楽政策の展開に触れる機会を得た。その後、権田は勤労、勤労環境、余暇を全体的に進めていく厚生運動にも関わることになった。彼は、ドイツの民衆娯楽政策をはじめとする社会政策について次の二点を記している。

　①公営娯楽施設（公営児童映画館、民衆娯楽館）における福利的機能
　②教育映画制作・公営・検閲・配給等の公営組織の確立とその機能

　権田は、関東大震災時と同様に、日中戦争について、娯楽を取り巻く国民の全生活状況、換言すれば時代的潮流が戦争を招いたと考えたのではないか。しかし時代精神が戦争によって娯楽の不健全さをもたらすことに注意を促している。また資本による利潤追求のための娯楽も批判した。この点から、民衆娯楽から国民娯楽の転換に、反資本主義の視点に立つ権田の考え方の根本をなすところで、連続性の一面がみいだせるのではないだろうか。

　権田は、営利の尺度からではなく、国民生活の尺度から、娯楽における指導と統制の理念を差し出している。彼は娯楽公営を提唱し、それに基づく娯楽分配における平等と機会均等をめざしたと思われる。ここに権田の国家的公共性、つまり国家公益に貢献する意味で、国民娯楽への展開が説かれるのではないかと考える。

　本研究により、余暇に対する教育的関心から権田保之助の娯楽論を対象とし、特に近代社会教育の成立過程に娯楽を据え、権田の娯楽論の意義をみいだすことになった。自由や豊かさとは何か。なぜ働くのか。もちろん権田の構想には時代的制約もあり、現代の問題に対してそのまま適用されるものではないが、広く教育や人間の生き方を捉え直す視点として示唆的である。

　今後は、権田の問題提起をもとに、①日本における娯楽問題が発生した背景として資本主義、工場法、第一次世界大戦後の国際労働機関の動向と

合わせて、彼が直接調査を行った新興都市労働者とその家族の生活そのものの実態把握を深化させること、②娯楽・余暇・レクリエーションと国家政策との関連を、幅広く諸科学との関連において深めることを課題としたい。また権田は戦後短い期間ではあったが日本放送協会常任理事を務めた。改革期であったこの時期にどのような立場から何を担ったのか興味深いところである。

　2019年1月に権田保之助の御子息・権田速雄氏がご逝去された。心よりご冥福をお祈り申し上げる。権田が属した大原社会問題研究所は2019年2月創立100年を迎えた。また世界の労働者の労働条件と生活水準の改善を目的とする国際労働機関も同様に創設から100年経過した。日本は常任理事国であるが、労働者保護に関わる条約1号（1日8時間・週48時間制）、47号（週40時間制）、132号（年次有給休暇）、140号（有給教育休暇）等労働時間、休暇関係、母性保護関係、雇用形態等の条約批准に消極的である。一方、労働力不足の対応策として改正入国管理法・外国人材受け入れ拡大法が成立した。日本国内の労働問題もそのままで、「労働力」として来日する人々が増加することになってしまうのか。労働は経済的効率や有効性だけでは捉えられるものではない。「人材」ではなく、人間らしい生活を得る権利としての「労働」である。この点に関して、権田による問題提起も欠かせないと考える。

権田保之助　略年譜

『権田保之助著作集』第 4 巻（文和書房・1975 年）所収「略歴」を基本に、日本
人と娯楽研究会編『権田保之助研究』（遊戯社・1982-1986）その他を参考に作成した。

1887(明治 20)年 5 月		東京市神田区に建築材料商店の長男として誕生
1896(明治 29)年 3 月		東京市私立代用春育尋常小学校卒業
1899(明治 32)年 3 月		東京市私立代用春育高等小学校第三学年修了
	4 月	東京府私立早稲田中学校入学
1904(明治 37)年		平民新聞の配布に加わる。校内雑誌に日露開戦批判論を発表したことで同校退学
	4 月	私立商工中学校に転校、翌年 3 月同校卒業 早稲田中学時代の恩師安部磯雄に『資本論』を見せられたことを契機にドイツ語研究を志す
1908(明治 41)年 3 月		東京外国語学校独逸語学科卒業
1911(明治 44)年		文部省、通俗教育調査委員会を設置
1912(明治 45)年 7 月		東京帝国大学文科大学哲学科(美学専修)修了 美術評論活動
1914(大正 3)年 7 月		東京帝国大学文科大学哲学科(美学専攻)卒業 卒業論文「価値の芸術的研究」
	11 月	私立独逸学協会学校教員に就職(1918 年 11 月迄)
1917(大正 6)年 2 月		帝国教育会より活動写真の調査を嘱託される 東京市活動写真調査(帝国教育会)
1918(大正 7)年 7 月		帝国教育会より不良出版および講談落語に関する調査委員を嘱託される 東京市寄席興行調査(帝国教育会)
	11 月	内務省保健衛生調査会より保健衛生に関する調査事務取扱を嘱託される(1922 年 8 月迄) 東京帝国大学法科大学副手を嘱託される 月島調査(主査高野岩三郎、1920 年迄。労働者の衛生・生活状態調査)
1919(大正 8)年 3 月		帝国教育会よりアメリカ商業経済局と交換すべき活動写

		真フィルムの選定および撮影に関する委員を嘱託される
	6 月	文部省普通学務局に第四課を設置、通俗教育に関する事務を取り扱う
	9 月	東京帝国大学経済学部講師を嘱託される(10月より同学部助手)
	10月	高野、国際労働会議日本代表選出をめぐる問題で東大経済学 部を辞職、大原社会問題研究所へ
		家計調査(月島熟練工家計調査、小学校教員家計調査)
		警視庁統計(東京市内の興行場の館数、入場者数の推移)の整理
1920(大正9)年	1 月	帝国教育会より通俗教育部委員を嘱託される
		森戸事件、森戸辰男・大内兵衛東大経済学部休職処分
		経済学部同人会(権田はメンバー)、辞表を高野にあずける
		森戸は大原社研へ。他のメンバーは大学に留任。これを契機に大原社研に入所する者が続出
	4 月	私立女子英学塾において美術工芸論の講義を開講
		文部省、社会教育調査委員を設置
	9 月	文部省より社会教育調査委員を嘱託される(1923年5月迄)
	10月	大原社会問題研究所所員を嘱託される
		倉敷紡績工場労働者娯楽調査(大原社研・翌年3月迄)
	12月	文部省、映画推薦制度を設ける(社会教育調査委員)
1921(大正10)年	2 月	文部省より活動写真説明者講習会講師を嘱託される
		権田の講演テーマ「芸術に於ける真」
		「生活逃避の哲学より生活中心の哲学へ」
		「映画説明の進化と映画芸術の誕生」
	3 月	浅草調査(大原社研)
		第一回文部省全国民衆娯楽調査
	5 月	東京帝国大学助手を依頼免、大原社会問題研究所研究員に就任
1922(大正11)年	12月	文部省より消費経済講習会講師を嘱託される
		大原社研『労働年鑑』の編集担当になる(1926年7月迄)
		娯楽・サービス業従事者調査
		大原社研読書会にて「改造思想の研究」を連続講義

1923(大正12)年		関東大震災が市民の娯楽生活に与えた影響に関する資料収集・分析
1924(大正13)年	9月	大原社会問題研究所の在外研究員として渡欧(翌年10月迄)
	12月	普通学務局第四課は社会教育課に改称
1927(昭和2)年	4月	文部省より教育映画調査を嘱託される(1943年4月迄)
	10月	全国教育映画事務担任者講習会、権田は講師として関与、「児童生徒の映画観覧につき適当なる方法、教育映画配給に関する件」協議
1928(昭和3)年	10月	教育映画研究資料「現行映画興行と教育との関係に関する調査」刊行
1929(昭和4)年		東京ドイツ語研究所「中野ゼミナール」を開設
	4月	教育映画研究資料「教育映画業者調査概要」刊行
		教育映画研究資料「青少年の映画興行観覧調査概要(上)」刊行
1930(昭和5)年		映画企業の資本的構成調査　大原社研(1932年迄)
	1月	教育映画研究資料「青少年の映画興行観覧状況調査(中)」刊行
	3月	「教化映画利用状況」刊行
	6月	文部省第二回全国民衆娯楽調査実施
		興行映画調査に着手(東京の主要な映画館の毎週の封入映画を調査)
1931(昭和6)年	1月	社会教育調査委員の制度を廃止、民衆娯楽調査委員を設置
		文部省より民衆娯楽調査を嘱託される(1943年4月迄)
	2月	民衆娯楽調査資料「全国農村娯楽状況」刊行
	3月	教育映画研究資料「映画番組に関する調査」刊行
	4月	民衆娯楽調査資料「興行映画調査(1)」刊行
	10月	大原社研月次講演会テーマ「民衆娯楽の現趨勢とその対策」
1932(昭和7)年	3月	民衆娯楽調査資料「興行映画調査(2)」刊行
	7月	大原社研月次講演会テーマ「農村娯楽問題」
	10月	教育映画研究資料「青少年の映画興行観覧状況調査概要(下)」刊行
	11月	全国農山漁村娯楽状況調査実施

　　　　　　　　　　浅草における映画常設館、観客に関する調査実施

1933(昭和8)年　3月　民衆娯楽調査資料「興行映画調査(3)」刊行

　　　　　　　　　　教育映画研究資料「道府県及び都市における教育映画利用状況(昭和6年度)」刊行

　　　　　8月　民衆娯楽調査資料「全国農山漁村娯楽状況(下)」刊行

　　　　10月　大原社研月次講演会テーマ「労働者家計に現はれた娯楽生活」

1934(昭和9)年　3月　民衆娯楽調査資料「全国農山漁村娯楽状況(上)」刊行

　　　　　　　　　　民衆娯楽調査資料「興行映画調査(4)」刊行

　　　　　　　　　　教育映画研究資料「道府県及び都市における教育映画利用状況(昭和7年度)」刊行・付録　教育映画連盟に関する調査

　　　　10月　大原社研月次講演会テーマ「映画国策について」

　　　　　　　　　　大原社会問題研究所付属研究機関として天王寺ドイツ語ゼミナールを開設、主任になる

　　　　　　　　　　大原社会問題研究所調査室責任者になる

1935(昭和10)年2月　教育映画研究資料「青少年の映画興行観覧状況調査概要」刊行

　　　　　3月　民衆娯楽改善指導講習会

　　　　　　　　　　教育映画研究資料「道府県及び市における教育映画利用状況」(昭和8年度)刊行

　　　　　　　　　　民衆娯楽調査資料「学生生徒の娯楽に関する調査」刊行

　　　　　　　　　　民衆娯楽調査資料「興行映画調査(5)」刊行

　　　　　　　　　　大原社会問題研究所、理事決定(1937年まで)

1936(昭和11)年2月　第2回民衆娯楽改善指導講習会

　　　　　3月　民衆娯楽調査資料「興行映画調査(6)」刊行

　　　　　　　　　　教育映画研究資料「道府県及び都市における教育映画利用状況」(昭和9年度)刊行

　　　　10月　大原社研月次講演会テーマ「年少者映画観覧の問題」

　　　　11月　第3回民衆娯楽改善指導講習会

1937(昭和12)年3月　民衆娯楽調査資料「興行映画調査(7)」刊行

　　　　　　　　　　教育映画研究資料「道府県及び市における利用状況に関

権田保之助　略年譜　　*183*

	する調査」刊行
5月	教育映画運動における中央組織として映画教育中央会設立される
6月	教育映画研究資料「小学校・中等諸学校における映画利用状況」刊行
8月	Film Education in Japan 刊行
10月	教育映画研究資料「道府県及び都市における教育映画利用状況」(昭和10年度)刊行
12月	教育映画研究資料「中央官庁における映画利用状況」刊行
1938(昭和13)年	日本厚生協会が厚生省の外郭団体として設立される
	機関誌『厚生の日本』に論文発表
	学生娯楽問題調査
3月	民衆娯楽調査資料「興行映画調査(8)」刊行
	教育映画研究資料「本邦映画教育の発達」刊行
1939(昭和14)年4月	日本大学芸術科講師に任じ、「映画政策論」を講義
5月	日本厚生協会より専門委員を委嘱される
10月	映画法制定
11月	内閣より労務管理調査委員会委員に任命される
12月	内閣より演劇・映画・音楽等改善委員会委員に任命される
1941(昭和16)年6月	社団法人日本映画社より調査部に嘱託される
	文部省より国民学校教科用映画検定委員を嘱託される
9月	戦時国民文化講習会開催
1942(昭和17)年1月	内閣より文部省専門委員に任命される(1944年1月迄)
2月	商工省より入場料専門委員会専門委員に任命される
	教育映画研究資料「映画教育実施状況」刊行
3月	内閣より厚生省専門委員に任命される
6月	社団法人日本蓄音機レコード文化協会より邦楽演芸専門委員会委員を委嘱される
1944(昭和19)年10月	内閣より文部省専門委員に任命される
1946(昭和21)年4月	日本放送協会常務理事に就任
11月	文部省より通信教育調査委員会委員を委嘱される
1947(昭和22)年7月	東京都より生活科学研究会委員を嘱託される
1951(昭和26)年1月	死去

権田保之助　著作

凡 例

1. 「著書・著述一覧」「自著単行書」「著作集・著作収録叢書」の3部に構成し、「⇒」で文献の収録推移を示した。
2. 「著書・著述一覧」のうち、単行書は本書の主題に関係するものにとどめた。また、本書で言及した文献名には（年 a,b,c,…）を付した。
3. 「著書・著述一覧」は、『権田保之助著作集』第4巻（文和書房・1975年）所収「著書・著作一覧」を基本に筆者の調査を補ったものである。

著書・著述一覧

　1908（明治41）年
卒業論文「価値の芸術的研究」
　1910（明治43）年
「日本木材彫刻の技巧」（1910）『日本美術』12月号
　1911（明治44）年
「第五回文部省展覧会の彫刻を見て」（1911）『日本美術』12月号
　1912（明治45）年
「日本美術に現はれたる装飾的気分」（1912）『帝国文学』8月号
　1913（大正2）年
「新らしい日本画（東台画会第二回展覧会を見て）」（1913a）『日本美術』6月号
「文展の彫刻」（1913b）『日本美術』12月号
　1914（大正3）年
『活動写真の原理及応用』内田老鶴圃（10月）
「日本画の文明観」（1914a）『日本美術』11月号
「日本画の文明観（二）」（1914b）『日本美術』12月号
　1915（大正4）年
「日本美術の将来」（1915a）『日本美術』1月号
「芸術家の自覚」（1915b）『日本美術』3月号
「芸術家と社会生活」（1915c)『日本美術』6月号

1917（大正 6）年

「活動写真の調査」『帝国教育』5, 8 月号　⇒『民衆娯楽問題』（1921）

「『おもちゃ絵』に就いて」『錦絵』9 月号　⇒〔著作集 4〕

「活動写真問題」『心理研究』10, 11 月号

1918（大正 7）年

「活動写真の統計的観察」『統計集誌』10, 11 月号　⇒『民衆娯楽問題』（1921）

1919（大正 8）年

「民衆教育の根拠と其向上」（1919）『日本及日本人』春季増刊号（3 月）　⇒〔社会教育
　　21〕

「最近十五年間に於ける各種興行物の趨勢」『国家学会雑誌』3 月号

「寄席興行の一斑」『国家学会雑誌』4 月号　⇒『民衆娯楽問題』（1921：改題「寄興行一
　　般」）

「寄席興行の統計的観察」『統計集誌』5 月号　⇒『民衆娯楽問題』（1921）

「文官の官営」『国家学会雑誌』6 月号　⇒『民衆娯楽問題』（1921）

1920（大正 9）年

「二個の新復古論」『我等』2 月号

「民衆の文化か、民衆の為めの文化か―文化主義の一考察―」（1920a）『大観』6 月号
　　⇒〔著作集 4〕〔社会教育 21〕

「社会改造と文化主義」（1920b）『雄弁』8 月号　⇒〔社会教育 21〕

「浅草を中心として」（1920c）『雄弁』8 月号　⇒『民衆娯楽問題』（1921）

「民衆文化主義の展開」（1920d）『大観』8 月号

「知識階級と社会事実」（1920e）『解放』8 月号

「吉野博士の所論に酬ゆ」（1920f）『大観』11 月号

「民衆娯楽の発達」（1920g）『統計集誌』12 月号　⇒『民衆娯楽問題』（1921）

1921（大正 10）年

「大阪の民衆娯楽」『大観』1 月号　⇒『民衆娯楽問題』（1921：改題「堀に灯が映る―大
　　阪の民衆娯楽―」）

『美術工芸論』内田老鶴圃（1 月）

「岡山と神戸の民衆娯楽」『大観』2 月号　⇒『民衆娯楽問題』（1921：改題「吉備団子と
　　すき焼―岡山と神戸の民衆娯楽―」）

「公衆娯楽と社会教育」（1921a）『社会教育講演集』帝国地方行政学会（2 月）

「活動写真問題の考察に於ける二大錯誤」『大観』3 月号　⇒『民衆娯楽問題』（1921）

「児童対活動写真問題」『校外に於ける児童保護に関する参考資料』第 3 輯　東京市役所
　　教育課（3 月）

「ポスターの衢―『浅草』の民衆娯楽―」(1921b)『大観』4月号　⇒『民衆娯楽問題』(1921)

「民衆娯楽政策上の理想論を排す」(1921c)『大観』4月号　⇒『民衆娯楽問題』(1921)

「民衆の娯楽生活に現はれたる国民性情」(1921d)『解放』4月号　⇒〔著作集4〕

「民衆生活の変遷と近代式民衆娯楽の誕生」(1921e)『太陽』5月号　⇒『民衆娯楽の基調』
　　(1922：改題「近世民衆娯楽誕生の素地」)

「月島と其の労働者生活」(1921f) 内務省保健衛生調査会編『東京市京橋区月島に於ける
　　実地調査報告』第1輯・内務省衛生局 (5月)

「『通』の世界より『大向ふ』の世界へ」『大観』7月号　⇒『民衆娯楽の基調』(1922：
　　改題「近世民衆娯楽の基調」)

『民衆娯楽問題』同人社書店 (7月)

「伊豆の新島」『大観』8月号

「活動写真劇の審美的考察」『講演録』大日本説明者協会 (8月)

「娯楽の真剣味」(1921g)『国粋』9月号　⇒『民衆娯楽の基調』(1922：改題「人間生活
　　と娯楽」)

「民衆娯楽の経済的基盤」『やまと新聞』10月3, 4日

「新島の盆踊―地方民衆娯楽の一研究―」(1921h)『大観』10月号　⇒〔著作集4〕

「インテリゲンチアの悲鳴と狐疑と幻滅」(1921i)『大観』11月号

「文化主義より民衆娯楽問題へ」(1921j)『大観』12月号　⇒『民衆娯楽の基調』(1922：
　　改題「論壇に於ける民衆娯楽問題」)

　　1922（大正11）年

「私の観た岡山」『中国民報』1月1日

「芸人社会の研究」『大観』1月号　⇒『娯楽業者の群』(1923：改題「芸人の社界」)

「思ひ出すままに」(1922a)『大観』1月号

「民衆娯楽問題」『大正十一年朝日新年文庫』大阪朝日新聞社 (1月)

「思ひ出すままに」(1922b)『大観』2月号

「民間信仰の研究」『大観』2月号　⇒『娯楽業者の群』(1923：改題「民間信仰」)

「新しき民衆娯楽創造の気運」(1922c)『早稲田文学』2月号　⇒『民衆娯楽の基調』(1922：
　　改題「近世民衆娯楽創造の気運」)

「遊芸師匠の研究」『大観』3月号　⇒『娯楽業者の群』(1923：改題「遊芸の師匠」)

「思ひ出すままに」(1922d)『大観』3月号

「民衆娯楽殊に活動写真に就て」(1922e)『社会と教化』3月号

「水商売・客商売の女」『大観』4月号　⇒『娯楽業者の群』(1923)

「浅草と民衆娯楽問題」『恋と愛』4月号

「民衆娯楽の純化」(1922f)『我等』4月号

「個人本位より家族単位の娯楽人」『報知新聞』5 月 17 日

「社会教育に関する一考察」（1922g）小松謙助編『新日本の建設』岩波書店（6 月）

「民衆を惹きつける浅草の魅力」『時事新報』7 月 16 日

「資本主義社会と流行」（1922h）『解放』7 月号　⇒〔著作集 4〕

「銀ぶらと道ぶら・三都情趣」『中外商業新報』8 月 11 日　⇒〔著作集 4〕

「社会革命と民衆娯楽」（1922i）『大原社会問題研究所雑誌』パンフレット№ 5（10 月）

『民衆娯楽の基調』同人社書店（10 月）

　1923（大正 12）年

「民衆娯楽」（1923a）『中外商業新報』1 月　⇒〔著作集 4〕

「青年娯楽の推移と現代青年娯楽の特徴」（1923b）『新青年』1 月号　⇒〔著作集 4〕

『社会研究　娯楽業者の群』実業之日本社（2 月）

「芸術に於ける真」（1923c）『芸術の真』説明者聯盟（5 月）　⇒〔著作集 4〕

「生活逃避の哲学より生活中心の哲学へ」（1923d）『芸術の真』説明者聯盟（7 月）　⇒〔著作集 4〕

「現代人の求める民衆娯楽の要素」（1923e）『東京朝日新聞』8 月 13 日

「映画説明の進化と説明芸術の誕生」（説明者 1）大島秀雄・非売品（8 月）　⇒〔著作集 4〕

「東京市に於ける労働者家計の一模型」（1923f）『大原社会問題研究所雑誌』8 月号

「娯楽なき人生の実験」（1923g）『東京朝日新聞』10 月 29 日

「帝都復興と民衆の娯楽」（1923h）『改造』11 月号

「非常時に現はれた娯楽の種々相」『改造』11 月号

　1924（大正 13）年

「復興の都を眺めて」（1924a）『中外商業新報』1 月 11–18 日　⇒〔著作集 4〕

「復興事業に於ける民衆娯楽問題の位置」『大観』3 月号

「社会生活に於ける娯楽の一考察」（1924b）『大原社会問題研究所雑誌』4 月号　⇒『民衆娯楽論』（1931：改題「社会生活と娯楽」）

「民衆娯楽と活動写真」『映画新研究十講と俳優名鑑』朝日新聞社（7 月）

「民衆娯楽」（東京市編、東京市公刊図書 5）東京市（12 月）

「東京市に於ける少額俸給生活者の家計の一模型」（1924c）『大原社会問題研究所雑誌』12 月号

　1926（大正 15）年

「労働者及び少額俸給生活者の家計状態比較」（1926a）『大原社会問題研究所雑誌』3 月号

「『浅草』の味」『婦人の友』6 月号

「支配階級的教育への叛逆」（1926b）『我等』7 月号　⇒宮坂広作編集・解説『（近代日本教育論集 7）社会的形成論』国土社・1969 所収

「民衆娯楽問題」（1926c）『社会問題講座』9・新潮社

   1927（昭和2）年

「『隣のラヂオ』は社会問題ではない」『婦人公論』9月号　⇒〔著作集4〕

「児童と映画」『婦人・子供服の裁縫と手工教育』榎本書房（12月）

   1928（昭和3）年

「映画教育の分野と其の展開」『映画教育の諸問題』東京市役所（1月）

「近代都市娯楽の特質と其社会的施設及び対策」『大大阪』4月号

「映画検閲の問題」『法律春秋』4月号　⇒〔著作集4〕

「活動写真法の制定へ」『法律春秋』4月号　⇒〔著作集4〕

「教育映画運動の本質と教育映画運動」（1928a）文部省社会教育課編『映画教育』東洋
    図書（5月）

「家庭に於ける娯楽」（1928b）『生活』12月号　⇒〔著作集4〕

   1929（昭和4）年

「現代の娯楽に現はれた時代相」『読売新聞』5月17日　⇒〔著作集4〕

「寄席とラヂオ」『改造』12月号

   1930（昭和5）年

「娯楽地『浅草』の研究（一）」（1930a）『大原社会問題研究所雑誌』3月号　⇒〔著作集4〕

「民衆娯楽」（1930b）社会思想社編『社会科学大辞典』改造社（5月）

「教育映画運動と其社会的展開」（1930c）『大原社会問題研究所雑誌』9月号　⇒『民衆
    娯楽論』（1931）

「一九三〇年の回顧『映画』」『名古屋新聞』12月4日　⇒〔著作集4〕

（高野岩三郎と共著）「日本における家計調査とその実施に就て」（1930d）『大原社会問
    題研究所雑誌』12月号

   1931（昭和6）年

「映画よ人類と共にあれ」『サンデー毎日』1月号

『民衆娯楽論』（高野博士還暦祝賀記念 社会・経済・統計研究叢書12）巌松堂書店（9月）

   1932（昭和7）年

「ラヂオと民衆娯楽」『調査時報』1月号

「民衆娯楽と教育」（1932）『岩波講座・教育科学』12・岩波書店（9月）

   1933（昭和8）年

「農村娯楽問題考察の基底」（1933a）『大原社会問題研究所雑誌』3月号　⇒〔著作集4〕

「本邦家計調査」『本邦社会統計論』改造社（5月）

「ラヂオ娯楽論」『調査時報』5月号

「農村教育と娯楽」（1933b）『教育』10月号

「労働者娯楽論（一）」（1933c）『大原社会問題研究所雑誌』11 月号　⇒〔著作集 4〕

1934（昭和 9）年

「本邦映画社会問題関係書解説」『大原社会問題研究所雑誌』9-11 月号

「映画国策について」『大原社会問題研究所雑誌』11, 12 月号

1935（昭和 10）年

「青年娯楽とラヂオ」（1935a）『放送』5 月号　⇒〔著作集 4〕

「民衆娯楽の崩壊と国民娯楽への準備」（1935b）『中央公論』5 月号　⇒『国民娯楽の問題』
（1941）

「学生娯楽問題」（1935c）『大原社会問題研究所雑誌』8 月号　⇒〔著作集 4〕

「学園生活に於ける学生娯楽の意義」『神戸商大新聞』10 月 25 日

「年少者の映画観覧状態概観」『大原社会問題研究所雑誌』10 月号

「子供の見る映画」『社会教育』12 月号

1936（昭和 11）年

「都市教化と民衆娯楽」『都市教化の諸問題』10・中央教化団体連合会（3 月）

「丸の内有楽街」『婦人之友』3 月号

「勤労大衆の生活に於ける生活享楽費の問題」（1936a）『大原社会問題研究所雑誌』6, 7
月合併号

「流行歌の商品性と文化の問題」（1936b）『報知新聞』10 月 4 日　⇒〔著作集 4〕

「慰安放送の都会性と地方性」『放送』10 月号

1937（昭和 12）年

「農村娯楽と其の施設に就て」『地方行政』1 月号

「娯楽界漫評」（1937）『雄弁』5 月－翌年 12 月号

「屋内から街頭へ」『東京日々新聞』6 月 13 日

「農村の娯楽問題」『東京日々新聞』6 月 22 日

「映画の推薦認定に就て」『青年と教育』8 月号

「民衆娯楽的教化総動員へ」『東京日々新聞』9 月 25 日

「戦時経済と文化への影響」『報知新聞』10 月 23 日

1938（昭和 13）年

「林檎の種子」『文芸春秋』2 月号

「事変下娯楽問題の意義」文部省（3 月）　⇒『国民娯楽の問題』（1941）

「急角度転換の娯楽界」『雄弁』4 月号

「地方文化と娯楽」（1938a）『野火』5 月号

『日本教育統計』巌松堂書店（5 月）

「『娯楽対策研究会』の設置」『都新聞』6 月 15 日

「事変と民衆娯楽の変貌」『改造』6 月号

「冷房禁止案」『東京日々新聞』7 月 23 日

「喜びを通じて力へ」『都新聞』9 月 15 日

「戦争と娯楽」（1938b）『中央公論』9 月号

「娯楽統制の必然性とその限界」（1938c）『帝大新聞』10 月　⇒『国民娯楽の問題』（1941）

「映画時評」『中央公論』10 月号

「映画批評といふこと」『東宝』10 月号　⇒〔著作集 4〕

「作れ『学生の家』」『東京朝日新聞』11 月 4 日

「学生と娯楽」『東京朝日新聞』11 月 19 日

「統計より見たる最近の日本教育」『文理科大学新聞』11 月 20 日

「娯楽機構の革新」『日本評論』11 月号　⇒『国民娯楽の問題』（1941）

「娯楽政策に於ける映画法の任務」『日本映画』11 月号　⇒『国民娯楽の問題』（1941）

「娯楽統制の点晴」『文芸春秋』11 月号

　1939（昭和 14）年

「漁村の娯楽問題」『水産界』1 月号

「学生と娯楽」『科学知識』1 月号

「娯楽政策の指標」『政界往来』1 月号　⇒『国民娯楽の問題』（1941）

「民衆娯楽」（1939a）城戸幡太郎編『教育学辞典』4・岩波書店（1 月）

「学生娯楽問題に関する調査」『大原社会問題研究所社会問題研究資料』第 1 輯・栗田書
　　　店（2 月）　⇒〔著作集 4〕

「大衆と芸術の乖離」『帝大新聞』4 月 24 日

「演劇取締より演劇文化対策へ」『東宝』5 月号

「労働者の完全環境整備としての娯楽及び教養」『工業国策』6 月号

「国民娯楽生活の浄化と向上」（1939b）『教化運動』6 月号　⇒『国民娯楽の問題』（1941）

「学生生活における奉仕意識と健全娯楽」『生活改善』6 月号　⇒『国民娯楽の問題』（1941）

「KdF とその観光事業について」『観光』8 月号

「児童映画問題」『帝大新聞』10 月 23 日

「銃後国民の生活に於ける娯楽の問題」（1939c）『社会教育』10 月号

「銃後国民生活の刷新と娯楽問題」『社会事業研究』10 月号　⇒『国民娯楽の問題』（1941）

「学生娯楽の問題」『国民精神総動員』11 月 15 日

「科学主義『興行』」『科学主義工業』11 月号

「演歌礼讃」『博浪沙』11 月号

「（対談）文部省の映画対策の研究」〔星野辰男と〕『日本映画』11 月号

『労働奉仕制の意義及業績』栗田書店（11 月）

「生活の設計・家計簿のつけ方」『読売新聞』12 月 8 日

「厚生運動断想」『厚生の日本』12 月号

　1940（昭和 15）年

「(座談会) 工場に於ける厚生施設」『厚生の日本』1 月号

「子供の娯楽」『日本読書新聞』3 月 1 日

「一般用映画と非一般用映画の選定基準に就て」『帝大新聞』3 月 30 日

「三派三巴の食ひ違ひ」『東宝』3 月号

「映画製作機構の統制」『公論』4 月号　⇒『国民娯楽の問題』(1941)

「青少年の生活指導」『東京地方産業報告』5 月 21 日

「消費面に現はれた都会と農村」『報知新聞』6 月

「(座談会) 学者よもやま閑談会」〔金田一京助ほか 7 名と〕『サンデー毎日』6 月夏季特
　　別号

「(座談会) 演劇と厚生運動」『厚生の日本』6 月号

「工場生活者の余暇構成」(1940a)『産業福利』6 月号　⇒『国民娯楽の問題』(1941)

「新しき農村生活と娯楽」『関西学院新聞』7 月　⇒『国民娯楽の問題』(1941)

「川崎市及市の工場地帯・職場の厚生施設を視る」『厚生の日本』7 月号

「(座談会) 青少年労働者の生活指導に就いて」『厚生の日本』7 月号

「文化映画への不安」『サンデー毎日』7 月（夏の映画号）

「(座談会) 若き産業戦士は語る」『厚生の日本』8 月号

「新体制と娯楽機関」『報知新聞』8 月 8 日

「厚生運動を展開せよ」『報知新聞』8 月 9 日

「時局下産業界に於ける厚生運動の意義」(1940b)『厚生の日本』8 月号　⇒『国民娯楽
　の問題』(1941)

「映画界徂徠」『エスエス』8 月号

「推薦映画の悲哀」『科学知識』8 月号

「娯楽の新体制」(1940c)『日本読書新聞』9 月　⇒『国民娯楽の問題』(1941)

「若い女性は如何なる組織を持つべきか」『新女苑』9 月号

「(座談会) 明日の演劇映画を語る」〔伊藤亀雄ほか 6 名と〕『エスエス』9 月

「農村文化と農村娯楽」『産業組合』9 月号　⇒『国民娯楽の問題』(1941)

「戦時下市民の娯楽問題」『都市問題』9 月号　⇒『国民娯楽の問題』(1941)

「新しき娯楽映画への発足」『婦人朝日』9 月号　⇒『国民娯楽の問題』(1941)

「新体制下に於ける文化映画の方向」『東京日刊キネマ』10 月 12 日

「青年の生活と娯楽」『現地報告』(10 月)　⇒『国民娯楽の問題』(1941)

「新体制下演劇映画人の覚悟」『中央公論』10 月号　⇒『国民娯楽の問題』(1941)

「(座談会) 時代と舞台人の往く道」〔岩田豊雄ほか6名と〕『中央公論』10月号

「郷土芸術の昂揚」『農政研究』10月号

「新生活運動と娯楽」『向上』10月号

「銃後の娯楽政策」『都新聞』11月8日

「娯楽の新体制」『京都日々新聞』11月24日

「みつ豆と文字焼の頃」『新国民』12月号

「神保町界隈」『学鐙』12月号

「時局下の国民娯楽」『雄弁』12月号

「国民娯楽の時局的意義と施策の方向」『社会教育』12月号　⇒『国民娯楽の問題』(1941)

「時局下勤労青年の娯楽問題」『青年と教育』12月号

　1941（昭和16）年

「国民娯楽と厚生運動」『慈大新聞』1月1日

「観客層の再組織」『帝大新聞』1月13日

「健全なる国民娯楽の提唱」『早稲田大学新聞』1月15日

「新体制下の産業女性と娯楽」『専売』1月号

「新しき国民生活体制と演劇」『演芸画報』1月号

「商店員と修養機関」『東京小間物化粧品商報』2月8, 15日

「市民娯楽とその頃」『家庭・生活』2月号

「娯楽の教育性」『広告界』2月号

『ナチス独逸の労働奉仕制』栗田書店（2月）

「農村の小学校へ映画を与へよ」3月11日

「戦時下の娯楽」『北海タイムス』『河北新報』3月12−18日

「娯楽としての読書」『日本読書新聞』3月15日

「(座談会) 文化政策の現在と将来」〔田坂具隆ほか6名と〕『帝大新聞』3月22日

「農村・工場娯楽運動」『北国毎日新聞』『徳島毎日新聞』4月2日

「文化行政の日本的方向」『関西学院新聞』4月20日

「(座談会) 農村文化と娯楽を語る」〔上泉秀信ほか4名と〕『日本農業新聞』4月21日から11回

「娯楽か誤楽か」『北海タイムス』4月27日

「青年と健全娯楽」『愛之日本』4月号

「健全娯楽としての旅行」『旅』4月号

「(座談会) 農村娯楽の問題」『厚生の日本』4月号

「隣組と娯楽」『生活』5月号

「娯楽」『政界往来』5月号

「健全なる国民娯楽」（1941）『文化日本』5月号　⇒『国民娯楽の問題』（1941）

「集団生活と娯楽指導」『三田文学』6月26日

「農漁村の娯楽について」『日本の風俗』6月号

「（座談会）給料生活者と厚生運動」『厚生の日本』6月号

「新生活運動の提唱」『報知新聞』7月29－8月2日

『国民娯楽の問題』栗田書店（7月）

「国民映画への要望」『サンデー毎日』8月31日

「映画の見かたと見せかた」『婦人講座』8月号

「国語と民衆芸術」『国語文化講座・国語芸術篇』朝日新聞社（8月）　⇒〔著作集4〕

「国民娯楽への道」『観光』9月号

「国民生活と音楽」『音楽教育研究』9月号

「（座談会）戦時下国民生活と厚生運動」『厚生の日本』9月号

「（座談会）家庭に於ける厚生運動」『厚生の日本』10月号

「臨戦下国民娯楽生活の再建」『国民新聞』10月4,5,7日

「漁村文化の建設と青年の任務」『漁村』10月号

『産業青年読本』酒井書店（12月）

　1942（昭和17）年

「地方文化の振興と農村生活の変化」『朝鮮新聞』1月5日

「決戦態勢下の娯楽政策」『合同』1月7日

「産業青年と娯楽」『東京産業報告』1月21日

『ナチス厚生団（KdF）』栗田書店（1月）

「国民読物に望むもの」『読書人』2月号

「戦時国民文化問題」『社会教育』2,3月号

「映画教育の前進へ」『都新聞』3月19日

「行事を活かして」3月22日

「勤労文化の真諦」『北海道新聞』3月24日

「大東亜戦争と農村娯楽」『農村文化』3月号

「長期戦と健全娯楽」『婦人朝日』4月号

「農村映画推進隊」『都新聞』5月21日

「清新な文化地帯の建設」『温泉』5月号

「KdFとその保健事業」『温泉』6月号

「生活への凝視を欠く」『帝大新聞』7月20日

「国民厚生運動のナチス的性格」『ドイツ』7月上旬号

「農村文化建設の構想」『農村文化』7月号

「戦時下に於ける国民娯楽」『同盟通信』8 月 4 日

「（座談会）明日への糧としての国民娯楽」〔伊藤熹朔ほか 5 名と〕『生活科学』8 月号

「農村娯楽落穂集」『日本農業新聞』9 月 1, 6, 11 日

「国民生活と娯楽」（1942）『厚生の日本』10 月号

「娯楽は戦う力の泉」10 月 21 日

「文化団体」『東京新聞』11 月 25 日

「地方文化と温泉」『温泉』11 月号

　1943（昭和 18）年

「新しき農村文化の建設へ」『長野県農業会報』1 月号

「わが交通戦士に望む」『総和』1 月号

「健全な娯楽の求め方」『大逓信』3 月号

「勤労生活と健全娯楽」『新天地』5 月号

「映画に現はれた勤労」『新映画』6 月号

「戦記映画と少国民」『少国民文化』7 月号

『娯楽教育の研究』小学館（9 月）

　1944（昭和 19）年

「国民娯楽について」（1944）『厚生の日本』4 月号

「厚生運動一般映画鑑賞指導」『厚生運動読本』新興出版（4 月）　⇒〔著作集 4〕

「戦時下における娯楽問題」『厚生運動読本』新興出版（4 月）

「『国民文化』理念の昂揚と文化問題の展進」『決戦下の社会諸科学』栗田書店（4 月）
　　⇒〔著作集 4〕

　1947（昭和 22）年

「（解説）安部先生と私—解説にならぬ解説として—」（1947）安部磯雄『地上之理想国
　瑞西』（日本社会問題名著選）第一出版・復刻（5 月）

自著単行書

『活動写真の原理及応用』内田老鶴圃（1914 年 10 月）

『民衆娯楽問題』同人社書店（1921 年 7 月）　⇒〔著作集 1〕

『美術工芸論』内田老鶴圃（1921 年 1 月）

『民衆娯楽の基調』同人社書店（1922 年 10 月）　⇒〔著作集 1〕〔余暇 1〕

『社会研究　娯楽業者の群』実業之日本社（1923 年 2 月）　⇒〔著作集 2〕〔余暇 5〕

『民衆娯楽論』巌松堂書店（1931 年 9 月）　⇒〔著作集 2〕〔余暇 10〕

『労働奉仕制の意義及業績』栗田書店（1939 年 11 月）

『ナチス独逸の労働奉仕制』栗田書店（1941 年 2 月）

『国民娯楽の問題』栗田書店（1941 年 7 月）　⇒〔著作集 3〕〔余暇 17〕

『産業青年読本』酒井書店（1941 年 12 月）

『ナチス厚生団（KdF)』栗田書店（1942 年 1 月）⇒〔余暇 20〕

『娯楽教育の研究』小学館（1943 年 9 月）　⇒〔著作集 3〕〔余暇 24〕

著作集・著作収録叢書類（〔略称〕）

〔著作集〕『権田保之助著作集』全 4 巻・文和書房・1974－1975（学術出版会・2010 年復
　　刻）

第 1 巻（1974 年、解説：仲村祥一）

　民衆娯楽問題（1921）

　民衆娯楽の基調（1922）

第 2 巻（1974 年、解説：井上俊）

　娯楽業者の群（1923）

　民衆娯楽論（1931）

第 3 巻（1975 年、解説：津金沢聡広）

　国民娯楽の問題（1941）

　娯楽教育の研究（1943）

第 4 巻：主要論文（1975 年、解説：田村紀雄）

　『おもちゃ絵』に就いて（1917）

　民衆の文化か、民衆の為めの文化か—文化主義の一考察—（1920）

　民衆の娯楽生活に現れたる国民性情（1921）

　新島の盆踊—地方民衆娯楽の一研究—（1921）

　資本主義社会と流行（1922）

　銀ぶらと道ぶら・三都情趣（1922）

　民衆娯楽（1923）

　青年娯楽の推移と現代青年娯楽の特徴（1923）

　芸術に於ける真（1923）

　生活逃避の哲学より生活中心の哲学へ（1923）

　映画説明の進化と説明芸術の誕生（1923）

　復興の都を眺めて（1924）

　『隣のラジオ』は社会問題ではない（1927）

　映画検閲の問題（1928）

活動写真法の制定へ（1928）

家庭に於ける娯楽（1928）

現代の娯楽に現われた時代相（1929）

娯楽地『浅草』の研究（1930）

一九三〇年の回顧『映画』（1930）

農村娯楽問題考察の基底（1933）

労働者娯楽論（1933）

青年娯楽とラジオ（1935）

学生娯楽問題（1935）

流行歌の商品性と文化の問題（1936）

映画批評ということ（1938）

学生娯楽問題に関する調査（1939）

国語と民衆芸術―講談、落語、浪曲、流行歌、漫才―（1941）

厚生運動一般映画鑑賞指導（1944）

「国民文化」理念の昂揚と文化問題の展進（1944）

〔余暇〕石川弘義監修『余暇・娯楽研究基礎文献集』全29巻・別巻1（大空社）より

第1巻（1989年）民衆娯楽の基調（1922）

第5巻（1989年）娯楽業者の群（1923）

第10巻（1989年）民衆娯楽論（1931）

第17巻（1990年）国民娯楽の問題（1941）

第20巻（1990年）ナチス厚生団（KdF）（1942）

第24巻（1990年）娯楽教育の研究（1943）

〔社会教育〕小川利夫監修『社会教育基本文献資料集成』全22巻・別巻1（大空社）より

第21巻：社会教育批判と自己教育論2（1992年）

民衆教育の根拠とその向上（1919）

民衆の文化か民衆の為めの文化か（1920）

社会改造と文化主義（1920）

知識階級と社会事実（1920）

民衆文化主義の展開（1921）

文化主義より民衆娯楽問題へ（1921）

民衆娯楽の純化（1922）

社会教育に関する一考察（1922）

民衆娯楽と教育（1932）

参考文献　*197*

参考文献

1　『権田保之助研究』第 1 − 4 号・遊戯社・1982 − 1986 年

創刊号（1982 年 11 月）

　　　巻頭エッセイ

　　　　　中鉢正美「早咲きの生活学者」

　　　　　仲村祥一「権田保之助と大阪」

　　　　　水谷大瑩「権田保之助先生との出会い」

　　　　　寺出浩司「月島調査から民衆娯楽論へ」

　　　　　薗田碩哉「『レクリエーション学』への原点」

　　　「シンポジウム　権田保之助の全体像とその現代的意義」

　　　　　石川弘義・田村紀雄・津金沢聡広・松原洋三・薗田碩哉（司会）

　　　権田速雄「父・権田保之助（1）―小伝風に―」

　　　寺出浩司「資料＝権田保之助」

　　　　　権田保之助略年譜

　　　　　権田保之助未公表資料目録（1）

　　　　　　　　生活調査及び娯楽調査に関する資料

　　　　　　　　文部省＝社会教育関連資料

　　　　　権田研究抄録

　　　未公表資料

　　　　　権田保之助　「浅草」調査日誌

　　　　　　　　　　　（附）倉敷女工趣味調査誌

　　　　　新聞切りぬき

第 2 号（1983 年 8 月）

　　　寺出浩司「主題　権田保之助と文部省」

　　　寺出浩司「民衆生活の『自立』視点から『防衛』視点への転換―権田保之助の民衆娯楽論の展開

　　　　　をめぐって―」

　　　水谷大瑩「今もわが心に生きる権田保之助―教育映画行政の幕開け―」

　　　権田速雄「父・権田保之助（2）―小伝風に―」

笹山央「『美術工芸論』について―紹介に主眼を置きつつ―」
　　　河内正広「昭和戦前期における性娯楽統制」

第3号（1984年9月）（主題　権田保之助と文部省）
　　　水谷大瑩「今もわが心に生きる権田保之助（2）―教育映画・民衆娯楽行政の基礎
　　　を培った諸調査―」
　　　　　（付）権田調査室年表
　　　権田速雄「父・権田保之助（3）―小伝風に―」
　　　藤井茂夫「ジゴマ現象とジゴマ冤罪説」

第4号（1986年2月）
　　　（座談会）娯楽を見る目―娯楽研究の視点と権田保之助の位置―
　　　　　　池井望・井上俊・権田速雄・鶴見俊輔・津金沢聡広・仲村祥一・石川弘義（司会）
　　　権田速雄「父・権田保之助（4）―小伝風に―」
　　　島崎征介「権田保之助の生活・風俗観―同時代の社会学との対照―」
　　　未公表資料
　　　　　権田保之助「工場娯楽の研究―倉敷調査報告（大正9年〜11年）―」

2　引用・参照文献
安部磯雄（1905）『地上之理想国瑞西』平民社（第一出版・1949年復刻）
石川弘義（1961）「労働と余暇―戦時下を中心に―」生活科学調査会編『余暇―日本人
　　の生活思想―』医歯薬出版
石川弘義（1968）「余暇の理論史」日本観光学会『観光』21，22号
石川弘義（1974）「余暇理論の源流　権田保之助からの出発」堀川直義『現代マス・コミュ
　　ニケーション論』川島書店
石川弘義・権田速雄・田村紀雄他（1978）「日本人と娯楽研究」『日本レクリエーション
　　協会研究紀要』5月
石川弘義（1981）「余暇の理論史　その源流を探る」石川弘義『欲望の構造』誠文堂新
　　光社
井上俊（1974）「解説」『権田保之助著作集』2・文和書房
井上俊（1977）「娯楽研究の姿勢　権田保之助の民衆娯楽論」『遊びの社会学』世界思想社
井上俊（2009）「民衆娯楽　権田保之助『民衆娯楽論』」井上俊・伊藤公雄編『（社会学ベー
　　シックス7）ポピュラー文化』世界思想社
井上俊ほか（1986）「（座談会）娯楽をみる目―娯楽研究の視点と権田保之助の位置―」『権

田保之助研究』4

氏原正治郎（1970）「第一次世界大戦の労働調査と『余暇生活の研究』」『（生活古典叢書 8）余暇生活の研究』光生館

宇野弘蔵（1952）「ものにならなかった浅草調査」『図書』6 月号（宇野弘蔵著作集・別巻『学問と人と本』岩波書店・1974 に所収）

宇野弘蔵（1970）『資本論五十年（上）』法政大学出版局

大島清（1968）『高野岩三郎伝』岩波書店

大城亜水（2012）「近代日本における余暇・娯楽と社会政策　権田保之助の所論を中心に」大阪市立大学『経済学雑誌』113（2）

大杉栄（1917）「新しき世界の為めの新しき芸術」『早稲田文学』6 月号

大林宗嗣（1921）「民衆生活と民衆娯楽問題」『大観』4 月号

大山郁夫（1919）「労働問題の文化的意義」『我等』12 月号

大山郁夫（1920a）「現代社会生活と知識階級」『解放』6 月号

大山郁夫（1920b）「民衆文化主義と自分」『我等』7 月号

大山郁夫（1920c）「民衆文化への疑義について」『我等』9 月号

大山郁夫（1920d）「民衆文化の社会心理的考察」『中央公論』夏季特別号

岡本包治（1979）「娯楽教育の始祖　権田保之助」全日本社会教育連合会『社会教育』5 月号

小川利夫（1977）「現代社会教育思想の生成」小川利夫編『（講座現代社会教育 1）現代社会教育の理論』亜紀書房

金子筑水（1920）「時代精神としての文化主義」『大観』6 月号

鹿野政直（1975）「大正デモクラシーの思想と文化」岩波書店編『（岩波講座日本歴史 18）近代 5』岩波書店

『教育時論』第 888 号・1909 年 12 月号

『教育時論』第 929 号・1911 年 2 月号

久原甫（1974）「社会教育行政の登場」国立教育研究所編『（日本近代教育史 7）社会教育（1）』国立教育研究所

倉内史郎（1961）『（野間教育研究所紀要 20）明治末期社会教育観の研究』講談社

桑木厳翼（1920a）『文化主義と社会問題』至善堂（5 月）

桑木厳翼（1920b）「文化主義の問題と基礎」『大観』6 月号

権田速雄（1982）「父・権田保之助（1）—小伝風に—」日本人と娯楽研究会編『権田保之助研究』創刊号

坂内夏子（1996）「権田保之助にみる民衆娯楽論の意味と思想」『日本社会教育学会紀要』32

坂内夏子（1998）「権田保之助における娯楽論の形成と展開」『日本社会教育学会紀要』34

坂内夏子（2001a）「社会教育における映画の研究」『早稲田大学教育学部・学術研究（教育・社会教育学編）』50

坂内夏子（2001b）「権田保之助における労働者娯楽の構想」『レジャー・レクリエーション研究』45

坂内夏子（2002）「権田保之助の娯楽論　その学生娯楽観に注目して」日本余暇学会『余暇学研究』5

坂内夏子（2005）「社会教育と民衆娯楽　権田保之助の問題提起」『早稲田大学教育学部・学術研究（教育・生涯教育学編）』53

笹山央（1983）「美術工芸論について―紹介に主眼を置きつつ―」『権田保之助研究』2

佐藤毅（1960）「最近の大衆娯楽・余暇の研究」『思想』5月号（特集　大衆娯楽）・岩波書店

ジェロー、アーロン（2000）「権田保之助と観客の映画文明」メディア史研究会『メディア史研究』10・ゆまに書房

（時事新報）「社会教育に就て・小松原文相談」『時事新報』1909年1月4日

杉座秀親（1990）「大正期と余暇社会学の萌芽　権田保之助の余暇論」日本大学社会学会『社会学論叢』107

杉座秀親（1991）「橘高廣」石川弘義ほか『大衆文化事典』弘文堂

関谷耕一（1970）「解説・高野岩三郎と月島調査」内務省衛生局編『（生活古典叢書6）月島調査』光生館

左右田喜一郎（1915）「経済学認識論の若干問題」（『左右田喜一郎全集』3・岩波書店・1930年に所収）

左右田喜一郎（1919）「文化主義の論理」（『左右田喜一郎全集』4・岩波書店・1930年に所収）

左右田喜一郎（1922）『文化価値と極限概念』岩波書店

薗田碩哉（1978a）「民衆娯楽と権田保之助」日本レクリエーション協会『レクリエーション』2，3月号

薗田碩哉（1978b）「『民衆』娯楽と『国民』娯楽―権田保之助の軌跡―」『日本レクリエーション協会研究紀要』3月

高野岩三郎（1916）「東京市ニ於ケル二十職工家計調査」（中鉢正美解説（1971）『（生活古典叢書7）家計調査と生活研究』に所収）

高野岩三郎・権田保之助（1930）「日本における家計調査とその実施に就て」『大原社会問題研究所雑誌』12月号

田中純一郎（1979）『日本教育映画発達史』蝸牛社

田村紀雄（1975）「解説」『権田保之助著作集』4・文和書房

田村紀雄（1981）「権田保之助・浅草風俗の調査」現代風俗研究会編『現代風俗』河出
　　書房新社

津金沢聡広（1975）「解説」『権田保之助著作集』3・文和書房

土田杏村（1919）「現今三大闘争と我が国策の建設」『雄弁』10月号

土田杏村（1920a）「文化主義に対する弁妄」『雄弁』7月号

土田杏村（1920b）「民衆文化と予の文化主義」『中央公論』夏季特別号

土田杏村（1920c）「ナショナルギルドの社会論の文化主義的修正」『雄弁』9月号

土田杏村（1921a）『文化主義原論』（『土田杏村全集』2・第一書房・1936所収）

土田杏村（1921b）「社会主義とアナキズムの統一としての文化主義」『文化』10月号

土田杏村（1924）『教育の革命時代』中文館書店

土田杏村（1932）「文化主義」改造社編『社会科学大辞典』改造社

坪内逍遥（1921）「民衆娯楽問題の種々の見方」『大観』4月号

鶴見俊輔（1976）「（書評）民衆娯楽から国民娯楽へ—権田保之助著作集（全4巻）—」『思
　　想』6月号（1930年代特集）・岩波書店

『帝国教育』第347号・1911年6月号

寺出浩司（1978）「階層形成と民衆娯楽—1920−30年代前半における権田保之助の娯楽
　　研究—」日本リクリエーション協会編『レクリエーション』7,8月号

寺出浩司（1982a）「労働者文化論の形成と変容—権田保之助—」生活研究同人会編『近
　　代日本の生活研究』光生館

寺出浩司（1982b）「資料＝権田保之助」『権田保之助研究』創刊号

寺出浩司（1982c）「月島調査報告書第二輯"労働者及教員家計調査報告"—権田保之助
　　手稿についての一考察—」『三田学会雑誌』75（6）

寺出浩司（1983a）「民衆生活の『自立』視点から『防衛』視点への転換—権田保之助の
　　民衆娯楽論の展開をめぐって—」『権田保之助研究』第2号

寺出浩司（1983b）「主題　権田保之助と文部省」『権田保之助研究』2

内務省保健衛生調査会編（1921）『東京市京橋区月島に於ける実地調査報告』第1輯（関
　　谷解説（1970）『（生活古典叢書6）月島調査』に所収）

中橋徳五郎（1921）「大いに社会教育を振興せよ」『社会と教化』2月号

中鉢正美（1971）「（解説）家計調査と生活研究」『（生活古典叢書7）家計調査と余暇研究』
　　光生館

中鉢正美（1982）「早咲きの生活学者」『権田保之助研究』創刊号

仲村祥一（1974）「解説」『権田保之助著作集』1・文和書房

乗杉嘉寿（1923）『社会教育の研究』同文館

星野辰男（1921）「活動写真の現状」『大観』4月号

本間久雄（1916）「民衆芸術の意義及価値」『早稲田文学』8 月号

水谷大瑩（1983）「今もわが心に生きる権田保之助―教育映画行政の幕開け―」『権田保之助研究』2

水谷大瑩（1984）「今もわが心に生きる権田保之助（2）―教育映画・民衆娯楽行政の基礎を培った諸調査―」『権田保之助研究』3

南博編（1965）『大正文化』勁草書房

三好豊太郎（1980）「月島調査の成立とその経過について」『明星大学研究紀要　人文学部』16

モリス、ウィリアム（1968）『ユートピアだより』（松村達雄訳）岩波文庫・岩波書店

文部省社会教育局編（1931）『（民衆娯楽調査資料・第 1 輯）全国農村娯楽状況』

文部省社会教育局編（1935）『（民衆娯楽調査資料・第 8 輯）学生生徒の娯楽に関する調査』

文部省社会教育局（1938）「文部省に於ける映画・蓄音機レコード其他民衆娯楽改善に関する施設年表」文部省社会教育局編『（教育映画研究資料・第 18 輯）本邦映画教育の発達』

文部省普通学務局編（1921）『社会教育講演集』帝国地方行政学会

山本恒夫（1972）『近代日本都市教化史研究』黎明書房

吉野作造（1920）「横断的対立より縦断的対立へ」『中央公論』秋季特別号

「読売新聞」1911 年 5 月 19 日

渡辺暁雄（1990）「『民衆娯楽』から『国民娯楽』へ―権田保之助・「近代」民衆と娯楽論の変容―」『明治学院大学大学院社会学研究科・社会学専攻紀要』14

渡辺暁雄（1992）「『生活』の発見―雑誌『日本美術』に見る権田保之助の変遷―」『明治学院大学大学院社会学研究科・社会学専攻紀要』16

渡辺暁雄（1994）「娯楽・生活論の『変遷』と『連続』　戦時下における権田保之助の生活思想の軌跡をとおして」『明治学院大学大学院社会学研究科・社会学専攻紀要』18

渡辺暁雄（1998）「権田保之助」川合隆男・竹村英樹編『近代日本社会学者小伝―書誌的考察―』勁草書房

索引　*203*

索 引

1. 「権田の著作」「人名・事項」の2種を作成した。
2. 「権田の著作」は、本文・注に引用・言及された
   文献を採った。『 』は単行書を示す。
3. 「人名・事項」は、引用・言及された文献の著者
   を中心に主要なものを採録した。

権田の著作

浅草を中心として（1920c）　37
新らしい日本画—東台画会第二回展覧会を見て—（1913a）　12
新しき民衆娯楽創造の気運（1922c）　33, 63, 64
安部先生と私—解説にならぬ解説として—（1947）　34, 47, 56
インテリゲンチアの悲鳴と狐疑と幻滅（1921i）　63, 64
思ひ出すままに（1922a）　74, 75
思ひ出すままに（1922b）　75, 76
思ひ出すままに（1922d）　77
学生娯楽問題（1935c）　142-144, 149
価値の芸術的研究（1908）　10
『活動写真の原理及応用』（1914）　3, 4, 9, 21, 22-24, 58, 81, 102, 114, 161
家庭に於ける娯楽（1928b）　140
教育映画運動と其社会的展開（1930c）　164, 165
教育映画運動の本質と教育映画運動（1928a）　167
勤労大衆の生活に於ける生活享楽費の問題（1936a）　154-156, 168
芸術家と社会生活（1915c）　13
芸術家の自覚（1915b）　13
芸術に於ける真（1923c）　45, 48
健全なる国民娯楽（1941）　117
現代人の求める民衆娯楽の要素（1923e）　36, 38
公衆娯楽と社会教育（1921a）　41, 42, 85, 159
工場生活者の余暇構成（1940a）　109-111
国民娯楽生活の浄化と向上（1939b）　113
国民娯楽について（1944）　105, 106, 108, 109
『国民娯楽の問題』（1941）　102-104, 110-118

国民生活と娯楽（1942）　109

娯楽界漫評（1937）　156

『娯楽教育の研究』（1943）　88, 105, 107, 119, 122, 123

娯楽地『浅草』の研究（一）（1930a）　29

娯楽統制の必然性とその限界（1938c）　113, 115–118

娯楽なき人生の実験（1923g）　91

娯楽の真剣味（1921g）　101, 153

娯楽の新体制（1940c）　117, 118

時局下産業界に於ける厚生運動の意義（1940b）　111–113

支配階級的教育への叛逆（1926b）　59, 60, 65, 66

資本主義社会と流行（1922h）　33

社会改造と文化主義（1920b）　54

社会革命と民衆娯楽（1922i）　167

社会教育に関する一考察（1922g）　31–34, 38, 46, 67, 159

社会生活に於ける娯楽の一考察（1924b）　90, 94–99, 108, 154, 160, 161

銃後国民の生活に於ける娯楽の問題（1939c）　121

生活逃避の哲学より生活中心の哲学へ（1923d）　46, 48

青年娯楽とラヂオ（1935a）　148

青年娯楽の推移と現代青年娯楽の特徴（1923b）　146–148

戦争と娯楽（1938b）　119–121

第五回文部省展覧会の彫刻を見て（1911）　11

知識階級と社会事実（1920e）　52, 53, 56, 63

地方文化と娯楽（1938a）　134

月島と其の労働者生活（1921f）　135

帝都復興と民衆の娯楽（1923h）　91–94

東京市に於ける少額俸給生活者の家計の一模型（1924c）　26, 135

東京市に於ける労働者家計の一模型（1923f）　26

新島の盆踊―地方民衆娯楽の一研究―（1921h）　127–129

日本画の文明観（1914a）　14

日本画の文明観（二）（1914b）　14

日本における家計調査とその実施に就て（1930d）　135

日本美術に現はれたる装飾的気分（1912）　10, 11, 22, 32, 57

日本美術の将来（1915a）　15

日本木材彫刻の技巧（1910）　10, 11, 57

農村教育と娯楽（1933b）　133

農村娯楽問題考察の基底（1933a）　130, 132, 133

『美術工芸論』（1921）　4, 9, 10, 16–21, 32, 33, 47, 57, 58, 73, 80, 84, 134

復興の都を眺めて（1924a）　29, 93

文化主義より民衆娯楽問題へ（1921j）　51, 81, 99, 100

文展の彫刻（1913b）　12, 13

ポスターの衢―『浅草』の民衆娯楽―（1921b）　30, 34-36
民衆教育の根拠と其向上（1919）　44, 46, 70-80, 85
民衆娯楽（1923a）　71-74
民衆娯楽（1930b）　106
民衆娯楽（1939a）　25, 106, 124, 127, 134, 159
民衆娯楽殊に活動写真に就て（1922e）　68
民衆娯楽政策上の理想論を排す（1921c）　30, 153
民衆娯楽と教育（1932）　150-152, 161
民衆娯楽の純化（1922f）　63
民衆娯楽の発達（1920g）　100
民衆娯楽の崩壊と国民娯楽への準備（1935b）　102
『民衆娯楽問題』（1921）　4, 9, 30, 35-37, 83, 100, 102, 153, 160
『民衆娯楽論』（1931）　87, 89-99, 104, 105, 108, 126, 132, 154, 158, 160-166, 168
民衆生活の変遷と近代式民衆娯楽の誕生（1921e）　80, 101
『民衆娯楽の基調』（1922）　4, 9, 24, 25, 28, 33, 34, 38, 42, 43, 51, 63, 68, 81, 83, 85, 97,
　　99-101, 108, 130-132, 145, 146, 149, 153, 160
民衆の娯楽生活に現はれたる国民性情（1921d）　59
民衆の文化か、民衆の為めの文化か―文化主義の一考察―（1920a）　51-53, 62
民衆文化主義の展開（1920d）　53, 54, 106
吉野博士の所論に酬ゆ（1920f）　54
流行歌の商品性と文化の問題（1936b）　157
労働者及び少額俸給生活者の家計状態比較（1926a）　26, 135
労働者娯楽論（一）（1933c）　135, 136, 138, 139

人名・事項

浅草娯楽調査　1, 2, 84, 175
安部磯雄　34, 47, 56
石川弘義　47
井上亀五郎　170
井上俊　87, 124
ウェンティヒ、ハインリッヒ　10, 47,
　　172
宇野弘蔵　55, 56, 84
江幡亀寿　170
大島清　47
大島正徳　44

大杉栄　51, 83
大塚保治　10, 172
大林宗嗣　30, 170
大原社会問題研究所　2, 3, 6, 25, 30, 144,
　　167, 177, 178
大山郁夫　5, 51, 53, 54, 61, 62, 84
小川利夫　8, 46
垣田純朗　170
学生娯楽調査　6, 125, 144, 175
活動写真説明者講習会　7, 41, 43-46,
　　176

金子筑水　　52, 84
鹿野政直　　8, 46
川本宇之介　　171
久原甫　　85
倉内史郎　　85
倉敷工場（労働者）娯楽調査　　2, 175
桑木厳翼　　52, 61, 62, 84
小松原英太郎　　77, 78, 85
権田速雄　　2, 34, 47, 49, 83, 173, 178
佐々木吉三郎　　170
笹山央　　9, 47
佐藤善次郎　　170
ジェロー、アーロン　　9, 47
菅原教造　　21, 40, 41, 44
杉座秀親　　47
関谷耕一　　47
全国民衆娯楽状況調査　　7, 41, 129
左右田喜一郎　　52, 61, 62, 84, 85
薗田硯哉　　88, 124
高野岩三郎　　26, 27, 47, 135
橘高廣　　30, 40, 41, 44, 170
田中純一郎　　48
田村紀雄　　47
津金沢聡広　　88, 124
月島調査　　1–3, 26–28, 38, 81, 135, 137,
　　171, 175
帝国教育会　　2, 3, 26, 38, 81
土田杏村　　5, 51, 52, 54, 61, 62, 84, 85
坪内逍遥　　30
鶴見俊輔　　88, 124
寺出浩司　　3, 4, 47, 48, 125, 126, 168
戸取萬　　170

内務省衛生局　　26
内務省保健衛生調査会　　26, 38, 47, 135
中田俊造　　171
永田衝吉　　30
中橋徳五郎　　39, 47, 48, 67
中鉢正美　　125, 126, 167
中村吉蔵　　30
日本人と娯楽研究会　　2
農村娯楽調査　　6, 125, 175
乗杉嘉寿　　3, 39, 41, 44, 47, 48, 170
ビュッヒャー、カール　　10, 172
星野辰男　　30, 40, 41, 44
本間久雄　　50, 51, 83
丸山良二　　170
水谷大瓊　　3, 4, 48
南博　　83
三好豊太郎　　47
民衆娯楽調査　　5, 6, 40, 41, 126, 131, 132,
　　153, 171, 175, 176
モリス、ウィリアム　　17–19, 47, 55, 57,
　　73, 80, 81, 84
森戸事件　　25
森本厚吉　　170
文部省社会教育局　　47, 132, 168
山名次郎　　170
山本恒夫　　8, 47
吉田熊次　　170
吉野作造　　53, 54, 84
ラスキン、ジョン　　17
労働者娯楽調査　　6, 125, 136, 137, 139,
　　175
渡辺暁雄　　8, 47, 125, 167

著者紹介 坂内 夏子 (さかうち なつこ)

現在、早稲田大学教育・総合科学学術院教授。

博士 (教育学) 2003 年。研究分野：社会教育・生涯学習

1999 年 早稲田大学教育学研究科 (博士課程) を単位
取得修了

近代社会教育における権田保之助研究
娯楽論を中心として

発 行	2019 年 8 月 29 日
著 者	坂内夏子 © 2019 SAKAUCHI Natsuko
発行者	鈴木信男
発行所	大空社出版㈱
	〒114-0032 東京都北区中十条 4-3-2
	電話 03-5963-4451　FAX 03-5963-4461
	www.ozorasha.co.jp

万一、落丁・乱丁の場合はお取り替えいたします。

ISBN978-4-908926-63-1 C3037　定価 (本体 3,000 円＋税)

学術資料出版 **大空社出版**

表示価格は税別（本体）　　在庫はお問合せください。　　詳細内容見本進呈

詩集 **内場幻想**　宮武孝吉著　A5判［2019］1,200円

歩いてみよう **志津 史跡・いまむかし**　宮武孝吉著　A5判［2018］1,200円

漱石を聴く コミュニケーションの視点から　小川栄一著　菊判［2019］3,600円

明治＝岩手の医事維新 医師・三田俊次郎の挑戦　三田弥生著　A5判［2018］2,400円

学校体育におけるボールゲームの指導理論に関する研究
　　フラッグフットボールを中心にして　宗野文俊著　A5判［2018］1,600円

「翻訳詩」事典 フランス編　榊原貴教編著　B5判［2018］28,000円

江戸時代庶民文庫 最新刊＝第2期第3回5巻（71-75巻）A5判［2019］96,000円 ※各巻分売可
　　（第2期全40巻＝61〜100巻・8回配本予定／第1期全60巻＝1〜60巻・8回配本既刊・大空社発行）

「江戸庶民」の生活を知る 江戸時代庶民文庫別巻「解題・索引」　A5判［2016］28,000円

日本における女子体育教師史研究　掛水通子著　A4判［2018］16,667円

新しい時代の学校教育と教職の意義　神山安弘著　A5判［2017］2,000円

日本歌人クラブ評論賞受賞
文明開化の歌人たち 『開化新題歌集』を読む　青田伸夫著　四六判［2017］1,600円

続 **臥　酔**　高野繁男著　B6判［2017］1,600円

戦前日本社会事業調査資料集成　補巻
　　社会福祉調査研究会編集部編・同事務局発行／大空社出版発売　A5判［2017］20,000円

あなたに平安がありますように 七人の息子を育て　福祉現場に生きて
　　佐竹順子著　A5判［2017］2,000円

シリーズ **福祉に生きる**（既刊71巻）企画・編集：津曲裕次　B6判［1998-］各巻2,000円
69. 長谷川りつ子／長谷川よし子　〈米村美奈著〉［2017］
70. 白沢久一　〈宮武正明著〉［2017］
71. 久保寺保久　〈高野聡子著〉［2019.8］

井上靖『猟銃』の世界 詩と物語の融合絵巻　藤澤全著　四六判［2017］1,600円

近代日本語史に見る教育・人・ことばの交流
　　日本語を母語としない学習者向け教科書を通して　伊藤孝行著　B5判［2017］2,500円